인생을 성공으로 이끄는 **대화법**

인생을 성공으로 이끄는 대화법

초판 1쇄 인쇄 · 2015년 7월 20일
초판 1쇄 발행 · 2015년 7월 25일

지은이 · 에키 다케히코
옮긴이 · 김기선
펴낸이 · 김표연
펴낸곳 · 도서출판 학영사
본문디자인 · 커뮤니케이션 울력

주소 · 서울시 은평구 응암로 331-15 7층
영업소 · 서울시 은평구 은평로 13길 11-5 2층
전화 · 02—353—8280
팩스 · 02—356—8828
이메일 · k5933@daum.net
등록번호 · 제25100-1994-000015호

잘못된 책은 구입하신 서점에서 교환해 드립니다.
ISBN · 978-89-7898-511-6 (03320)

인생을 성공으로 이끄는 대화법

화법은 인간관계의 원천이다!

화법은 단순한 언어의 수식 문제가 아니라, 인간 자체의 문제이다.
몸과 마음을 합쳐 진심으로 표현할 때
비로소 인간관계가 성립되고 인생을 성공으로 이끌 수 있다.

에키 다케이코 지음

김기선 옮김

Contents 인생을 성공으로 이끄는
대화법

언어에는 '말하기', '듣기', '읽기', '쓰기'의 네 가지 기능이 있다. 이 기능이 인간 생활에 거의 결정적인 역할을 하고 있다. 그중에서도 '말하기', '듣기'가 가장 중요한 역할을 하는 것임에도 불구하고, 지금까지의 언어교육은 '읽기', '쓰기'에만 편중되고 '말하기', '듣기'는 소홀히 다루어 왔다.

우리가 사회생활을 하면서 주로 사용하는 어휘는 기껏해야 100여 개를 넘지 못하는 경우가 대부분이다. 또 예를 들어 어휘를 많이 알고 있으면서도 이렇게 말하는 사람이 있다.

"저 녀석에게 말로 타이르려고 했지만, 도대체 어떻게 말해야 좋을지 몰라서 그냥 한대 쥐어박았지."

이렇듯 말을 알면서도 사용하지 못한다는 것은, 다시 말하면 재료는 있지만 먹을 수 있도록 요리를 만들 수 없다는 것과 같다.

한마디로 '말하기'란 재료를 어떻게 요리하느냐, 또 어떻게 그것을 현실에 알맞게 사용하느냐 하는 것이 중요하다.

이것이 곧 '화법'의 연구이다.

언젠가 어느 모임에 초대되어 '아름다운 언어에 대하여'라는 제목으로 강연을 한 적이 있다. 강연이 끝나고 참석자들에게 이런 질문을 했다.

"여러분, 도대체 '아름다운 언어'란 어떤 것인지 한번 말씀해 보십시오."

그러나 그 누구도 대답하지 못했다. 관념적으로는 '아름다운 언어'라는 것이 있는 듯 생각될지 모르지만, 실제로는 없는 것이다.

예를 들어 '바보'라는 말은 좋지 않은 말이지만, 그것도 사용하기에 따라 귀여운 말이 될 수도 있다. 이를테면, 아리따운 아가씨에게서 "선생님은 정말 바보예요." 하는 말을 들었다면 과히 기분이 나쁘지는 않을 것이다. 오히려 흐뭇한 기분이 될지도 모른다.

만일 '바보'라는 말이 반드시 좋지 않게만 쓰인다면, 아예 그 낱말은 사전에서 삭제하는 편이 낫지 않겠는가. 다시 말해 언어는 그 사용 여하에 따라 아름답게도, 추하게도, 또는 깨끗하게도, 보기 싫게도 되는 것이다. 따라서 '화법'의 문제란 곧 그 사용 여하의 문제인 것이다.

"저분의 아드님이 결혼했는데, 신부가 참 좋더군요. 참 좋은 신부예요."

'좋은 신부'라는 말은 물론 칭찬하는 말이겠지만, 그러나 말하는 사람에 따라, 말하는 방법에 따라서는 실로 불쾌하거나 비웃음처럼 느껴지기도 할 것이다.

좋지 않은 감정을 가지고 말할 때에는 아무리 좋은 말씨를 써서 말해도 상대방에게 불쾌감을 주게 마련이다. 그러므로 고운 마음씨로 말해야만 비로소 상대방에게 아름다운 언어로 전해지게 된다.

그렇다면 '아름다운 언어'란 도대체 무엇일까? 그것은 아름다운 마음씨를 가진 사람이 쓰는 말이다. 따라서 아름다운 마음씨를 갖지 않은 사람은 아름다운 말을 할 수가 없다는 분명한 결론이 나오게 된다.

발음이나 억양을 중요시하는 아나운서의 경우에는, '말하는 방법'의 연구는 단지 어떤 의미의 기술적인 문제에 지나지 않는다. 실제로 여러 가지 조건이나 각양각색의 대상, 또는 무수한 사물을 표현한다는 것은 그리 간단히 생각할 수 없다.

따라서 말하는 방법의 문제는 결국 인간 생활의 구체적인 본연의 자세에 대한 문제로 생각하지 않을 수 없게 된다.

'말한다.'는 것은 인간의 자기표현이다. 우리 모두가 경험하는 것이지만, 신경질적인 사람의 말은 신경질적이고, 거짓된 사람의 말은 언제나 거짓으로 가득 차 있다. 또 멍청한 사람은 언제나 바보스러운 말만 한다. 이렇듯 그 인간의 자기표현이 곧 그 인간의 '말하는 방법'이 되는 것이다.

필자가 여러 사람들에게 '화법'을 가르치는 동안에 확실히 느낄 수 있었던 것은, 어떤 사람의 말하는 능력이 향상되었다고 생각되면 그 사람의 인간 자체도 그만큼 향상되었다는 사실이다. 다시 말하면, 어떤 사람의 인간 그 자체는 변하지 않았는데 말하는 능력만 향상되었다는 법은 결코 있을 수 없다는 것이다.

'화법'의 철학은 이러한 데서 출발한다. '말하기'를 단순하게 언어의 수식 문제로써가 아니라, 인간 자체의 문제로 생각하는 것이다.

이 책을 읽으면 혹시 '이것이 말하는 방법의 책인가?' 하고 의심하는 독자들이 있을지도 모른다. 그러나 이러한 기본적인 문제를 파악하지 않고서는 말한다는 문제를 충분히 이해하기가 어렵다는 점을 고려해야 할 것이다.

2015년

저자

Chapter
01

화법은
인간관계의 원천이다

:

'화법'은 인간이 서로 이해하고 생활을 보다 풍요롭게 하기 위한 가장 기본적인 문제이다.

가정에 있어서도 남편과 아내 사이에 원만한 이해가 없다면

그 가정은 성립되지 못한다. 이것은 직장에서도 마찬가지이다.

넓게 말하면, 상호 이해가 없다면 이 지구상의 인류 그 자체가 성립되지 못한다.

1
몸과 마음으로 말해야 한다

마음에서 우러나와야 한다

나는 가끔 옛 목로주점 같은 전통술집에 가서 술을 마신다. 그곳에는 약 70세가량 되어 보이는 노인 둘이서 잔을 기울이며 담소를 하는 광경을 볼 수 있었다.

가끔 그들은 내 자리에 와서 대화를 나누고는 하는데, 그럴 때면 언제나 나는 내 마음에 뭔가 와 닿는 것을 느낀다. 말하는 사람의 기분이 그대로 말 속에 들어 있는 것이다.

얼마 전에도 내가 그곳에 가서 술을 마시고 있노라니까, 그들 중의 한 노인이 내 자리로 다가왔다. 이런저런 이야기를 하면서도 내가 전혀 술을 권하지 않으니까 이렇게 묻는 것이었다.

"선생님, 오늘은 술 한 잔도 받을 수가 없군요. 제가 뭐 잘못한 것이라도 있나요?"

"당치 않은 말씀입니다. 어르신은 얼마 전까지만 해도 병원에 다니며 죽을 고비를 넘기지 않았습니까? 그런데도 계속 술을 드시면 안 되지요. 그래서 술을 권하지 못한 겁니다. 어르신의 건강을 위해서요."

"아니, 선생님. 그 무슨 섭섭한 말씀이십니까? 저는 죽더라도 선생님의 잔을 받고 이 자리에서 죽는 것이 오히려 더없는 영광이겠습니다."

그가 아주 진지한 표정으로 이렇게 말하기에, 나도 정색을 하면서 말했다.

"좋습니다. 그렇다면 한잔 따라 드리지요."

"정말 고맙습니다."

그가 술을 마시는 태도를 보니, 그 자신 역시 전처럼 마구 들이키지는 않고 주의하며 술을 마시는 것이었다. 하지만 적어도 술잔을 입에 댄 이상, 자신의 기분을 숨기지 않고 꿀꺽꿀꺽 정말 맛있게 마셨다. 침이 넘어갈 정도로 맛있게 술을 마시는 것을 보며, 나는 속으로 '정말 이거야말로 몸과 마음이 하나'라는 강한 인상을 받았다.

마음에서 우러나온 말은 진실로 무서운 힘을 갖는다. 만약 마음을 열지 않고 혀끝과 머리로만 떠든다면 그것은 벌써 진실이 아닌 것이다. 그러므로 말을 할 때에는 절대 많은 말이 필요 없다.

비록 많은 말을 하지 않더라도 진실한 마음이 담긴 언어라면 그 뜻이 확연하게 나타나게 되는 것이다.

짧은 인사에도 의미가 있다

전에 외국에 갔을 때였다. 그때 나는 통역을 위하여 '네리'라는 대학생을 고용했는데, 그 학생은 통역뿐만 아니라, 다리가 좀 불편한 내 아내가 계단을 오를 때에는 정성껏 부축해 주는 등 아주 친절하였다. 아내 또한 학생이 마음에 들어 집에서 가져간 부채 등을 선물로 주면서, 즐겁게 그와 하루 반나절을 보냈다. 헤어지는 날 아침에 그 학생이 아내에게 초콜릿을 가지고 와서 말했다.

"사모님, 이 초콜릿 좀 드셔보세요."

"아! 초콜릿…… . 정말 고마워요. 우리 아이도 초콜릿을 좋아하니까, 하나 남겼다가 갖다 주어겠어요."

그러자 학생이 말했다.

"아니에요. 저는 사모님의 아드님은 모릅니다. 저는 다만 사모님께서 드셨으면 합니다."

실로 솔직한 말이었다. 옆에서 보고 있던 내가 학생에게 말했다.

"학생에게 대가를 치러야겠는데, 얼마인가? 사양 말고 말해 보게."

"대가는 필요 없습니다."

"하지만 학생은 아르바이트로 통역을 맡은 게 아닌가?"

"아니에요. 처음에는 돈을 벌기 위해 나섰지만, 어제 하루 선생님 내외분과 함께 하니까, 꼭 고향의 부모님을 모시고 있는 것 같은 느낌이 들어서 정말 즐겁고 행복했습니다. 그러니 수고비에 대한 말씀은 하지 말아 주세요."

이렇게 극구 사양하며 돈을 받으려 하지 않았다.

"그래? 알았네. 그렇다면 수고비가 아닌 용돈으로 주지." 하며 15달러를 주었다. 그러자 그 학생이 말했다.

"아니에요. 제가 돈을 받는다면 똑같은 결과가 되는 것이 아닌

가요."

"아냐, 틀렸네. 자네는 어제 하루 부모님을 모신 기분이었다고 말했지? 나도 자네를 자식처럼 생각했어. 그러니까 부모와 자식 같은 거야. 우리나라에서는 부모가 여행을 할 때에는 자식에게 용돈을 주지. 그럼 자식은 무조건 '고맙습니다.' 하고 받는다네. 그러니까 자네도 그렇게 해야 하는 거야, 알겠지?"

그러자 학생은 고개를 끄덕이고는 15달러를 기꺼이 받으며 '고맙습니다.' 하고 인사를 했다. 학생이 나에게 '안녕히'라는 말을 일본말로 어떻게 하느냐고 묻기에 명함 뒷면에다 발음을 로마 글자로 써 주었다.

이제 정말 마지막 작별의 순간이 왔다. 내가 처음으로 그 나라 말로 '안녕'이라고 말한 다음, 일본말로 '네리! 안녕히.' 하고 인사를 하니까, 그 학생도 명함 뒷면을 보면서 '안녕히! 안녕히!' 하며 눈에 눈물을 가득 머금고 있었다.

그 학생과 나는 서로 껴안고 눈시울을 적셨다. 아내도 차 안에서 눈물을 흘리고 있었다. 비행장으로 향하는 차 안에서 아내가 말했다.

"하루 반나절밖에 함께 있지 않았는데, 어째서 그 친구와의 이별이 이렇게도 괴로운가요? 네리의 '안녕히!'라는 말이 자꾸만 귀에 쟁쟁 울리니……."

그래서 내가 이렇게 대답해 주었다.

"그럴 테지. 네리의 '안녕히!'라는 말 가운데는 여러 가지 의미가 들어 있으니까."

그러나 술집 같은 데서는 이래서는 안 된다. 어찌 생각하면 다분히 오해의 소지가 있기 때문이다.

"안녕히 가세요."

아주 간단하다. 마음대로 가라는 것이다.

이러한 까닭에 '말한다.'는 것은 수사학이나 논리학과는 다르다. 그 근본을 파악함으로써 비로소 '말한다.'는 것을 알게 되는 것이다.

의사표현은 자신의 전체를 대변하는 것이다

나는 '온몸으로 말하라.'고 역설한다. 이 '온몸으로 말한다.'는 것은, 말은 자신과 함께 움직이고, 자기 전체와 더불어 어떤 의사표현이 이루어져야 한다는 것이다.

비단 그것은 말하는 문제에만 국한되는 것은 아니다. 이를테면 북을 치는 것에 대하여 생각해 보자.

북이란 손가락 끝이 북 가죽에 닿아서 소리가 난다고 생각하는 사람이 많다. 그런데 북을 치는 도중에 갑자기 죽어 버린 북치기가 여럿 있었다고 한다. 손가락 끝으로 가죽을 두드릴 뿐인데, 무슨 중노동이라고 사람이 죽는단 말인가.

나는 어머님이 북을 치셨기 때문에 어머님의 북 선생에게서 북에 대한 이야기를 들을 기회가 자주 있었다. 그런데 북은 손바닥 위의 부푼 곳으로 친다는 것이다. 손가락으로 치는 것도 아니고 손바닥으로 치는 것도 아니라는 것이다.

손바닥 윗부분이 북의 바로 모서리 부분에 닿고, 손바닥 끝이 자연스럽게 가죽 부분에 닿아야 한다. 그래야만 좋은 소리가 나는 것이다. 그러기 위해서는 손바닥에 온 힘이 집중되지 않으면 안 되고, 반대로 손바닥 끝에 힘이 모아지면 안 되는 것이다. 그러므로 한 곡을 연주하고 나면 그야말로 땀투성이가 되고 만다. 전력을 다 쏟기 때문이다.

말을 할 때에도 마찬가지이다. 북채가 없으면 북소리는 나지 않는다. 손가락이 없어도 북을 칠 수 없다. 그러나 북이 소리를 내는 것은 북채 때문만도 아니며, 손바닥 때문만도 아니다. 이런 경우에는 채나 손바닥이나 모두 하나의 도구에 불과하다.

다시 말하면, 어떤 일이든 모든 요소가 합해져야 이루어지는데, 이 원리를 잘 모르면 말의 형태라는 것을 알 수 없다.

화법은 인간생활의 기본문제다

내가 '언론과학연구소'를 창립한 초기에는, 솔직히 말해서 화법의 문제에 대하여 현재처럼 깊이 파고들지 않았었다.

그 당시에 나는 모 정당의 문화부장직을 맡고 있었는데, 하루는 고일성이라는 한국 사람이 나를 찾아왔다. 자신이 '국제웅변대학'이라는 것을 만들었는데, 내가 중심이 되어 웅변학의 강의를 맡아 달라는 것이었다.

나 역시 화법은 매우 중요하다고 생각하던 터였다. 그러나 당시로서는 화법에 대하여 깊이 연구한 바도 없었고, 강의를 할 만한 능력도 없었다. 그러나 내 나름대로 생각한 것이 있어 그의 청탁을 받아들이고, 국제웅변대학에서 시험적으로 강의를 하게 되었다. 물론 연설법 정도의 강의였다.

그곳에서 몇 번 강의를 하고 난 어느 날, 어쩐지 개운치 않은 기분이었다. 그런 나에게 눈을 뜨게 해 준 것이 바로 미국의 H. C. 리거라는 사람이 쓴 '당신도 훌륭히 말할 수 있다.'라는 책이었다. 이 책에는 과거의 웅변학과는 달리, 상당히 넓은 관점에서 화법을 다루고 있었다.

그 다음으로 나를 눈 뜨게 한 책이 데일 카네기의 '사람을 움직이는 법'이었다. 이 책은 전체적으로는 짜임새가 없는 것 같았지만, 인간관계 중에서 '화술'이 과연 어떤 문제를 야기시키는지를 여러 관점에서 서술하고 있었다.

그 다음이 '일반의미론'이라는 책이었다. 일반 의미론은 폴란드의 고지프스키라는 학자가 주창한 이론으로, 언어가 정확하게 전달되지 못하는 원인에 대해 설명하고 있었다.

나는 이러한 책들을 접하면서 '말'이 얼마나 중요한 것인가를 새삼 느낄 수 있었다. 보통 사람들은 '화법'이라고 하면 대개 수사학이나 말의 사용법을 생각하기 일쑤이다. 그러나 좀 더 깊이 생각해 보면, '화법'은 인간이 서로 이해하고 생활을 보다 풍요롭게 하기 위한 가장 기본적인 문제라는 것이다.

가정에 있어서도 남편과 아내 사이에 원만한 이해가 없다면 그 가정은 성립되지 못한다. 이것은 직장에서도 마찬가지이다. 넓게 말하면, 상호 이해가 없다면 이 지구상의 인류 그 자체가 성립되지 못한다. 그런데 그 이해라는 것은 바로 '말한다.'는 전제가 따르지 않을 수 없는 것이다. 물론 현재는 SNS, 트위터 등 각종 매스미디어가 아니라도 스마트폰이나 그 밖의 여러 매체를 통해서 커뮤니케이션이 이루어지고 있지만 그 근본은 바로 '말한다.'라는 것에서 비롯된다고 볼 수 있다. 그러고 보면 화법은 인간생활의 기본문제로 다루지 않을 수 없는 것이다.

2

행복은 밝은 가정으로부터 시작된다

오직 혼자라는 생각은 곧 죽음을 의미한다

'오늘도 종일 그 누구와도 대화하지 않았다.'라는 글을 일기장에 남기고 쓸쓸히 죽어 간 어느 노부인에 대한 이야기를 들은 일이 있다.

이 불쌍한 노부인의 나날의 생활은 심신이 얼어붙을 듯한 고독의 벽으로 에워싸인 것이었다. 꽃이 피고 새가 울어도 생의 즐거움은 노부인을 두텁게 에워싼 고독의 벽 바깥쪽의 일일 뿐이었다. 가을바람이 나뭇가지를 흔들고, 누런 나뭇잎이 창가에 떨어져도 그 애석함을 이야기할 상대가 없었다.

노부인은 고독의 벽 가운데에서 오로지 혼자였을 뿐, 누구와도 이야기하지 않았다. 온종일 그 누구와도 담을 쌓은 채 살았던 노부인은 죽음에 이르러 과연 무슨 생각을 했을까 하고 생각하니 애석한 일이 아닐 수 없다.

우리들은 누구나 행복하기를 원하고 행복하기 위하여 열심히 노력한다.

그럼 여기서 잠시 생각해 보고 넘어가자.

행복하기 위하여 노력한다는 것은 무엇을 뜻하는가. 또한 어떤 상태를 과연 행복이라고 부르는 것인가.

불쌍한 노부인의 경우 '오늘도 종일 그 누구와도 이야기를 하지 않았다.'라는 슬픔에 잠긴 말을 써 놓고 죽었다는 것은, 젊은 날에는 생각지도 못했던 일이었을 것이다. 그녀도 역시 남보다 훨씬 행복하기를 원하였을 것이고, 또 그 나름대로의 노력을 하였을 것이다. 그러나 결과는, 결코 행복일 수 없는 상태 아래서 죽지 않으면 안 되었다.

인간은 많은 사람들 속에서 모든 사람들과 관계를 맺고 생활하고 있다.

"나는 오직 혼자 살아갈 뿐이다."

이렇게 말하는 사람이 있을지 몰라도 현실적으로는 불가능한 일이다. 적어도 인간다운 생활을 영위하기 위해서는 혼자서는 불가능한 일이다.

'오직 혼자'라는 말은 곧 죽음을 의미한다고 해도 무방하다. 그런데 이러한 당연한 것을 곧잘 망각해 버리는 사람이 있다. 너무나 당연하기 때문에 마치 공기가 있는 것을 잊어버리듯이 망각해 버린다. 그러다가 주의가 환기되면 오직 혼자라는 불행한 자신의 모습을 발견하고는 멍청해진다. 현실에서의 그러한 예를 나는 잘 알고 있다.

어느 다른 노부인의 이야기이다.

그 노부인은 대단한 구두쇠였다. 손톱이 빠질 정도로 한 푼 두 푼 돈을 모았다. 하나밖에 없는 아들이 월급을 받아 오면, 이 핑계 저 핑계로 한 푼이라도 더 숨기려고 하였다. 그러면서도 아들에게는 무엇 하나 사 주지도 않았고, 따뜻한 말 한마디도 없었다.

노부인은 돈을 모은다는 그 자체가 생활을 지키는 방편이었을 것이다. 그러다가 아들이 결혼을 했다. 노부인과 아들 두 사람뿐이던 가정에 새로운 식구가 들어온 것이다.

아들은 아내와 합심하여 우선 어머니와 자신들의 생활을 완전히 갈랐다. 식사도 따로따로 했다. 돈도 그전같이 순순히 내놓지 않았다. 같은 지붕 밑에서 살고는 있지만, 아들에게는 어머니라는 존재가 비협력자일뿐 아니라, 아내와의 사이를 좀먹는 적이었다.

아들은 자신의 단란한 가정을 지키려 하고, 노부인은 노부인대로 또 자신의 생활을 지키려고 하니 어찌 마찰이 있을 수밖에 없었다.

어느 날, 나는 그 아들과 어느 술집에서 만났다. 그때 아들은 자기 가정 문제에 대하여 대단히 화가 난 목소리로 나에게 말했다.

"우리 어머니는 그렇게 지독한데도 아무 탈이 없으니 참 묘한 일이지요."

이 이상 더 비참하고 잔혹한 말이 어디 있겠는가. 정말 듣기 거북한 이야기였다. 그러나 유감스럽게도 이런 경우와 비슷한 예를 우리는 종종 보고 듣게 된다.

다른 사람을 비방하는 것으로 자신의 위치를 지키려는 사람, 다른 사람을 끌어내려서 출세하려는 사람, 이러한 사람들은 모두 많은 사람들 가운데서 생활하고 있는 의미를 전혀 생각지 못하는 사람이었다.

돈을 많이 모았다거나 지위가 높아 자신의 목적이 성취되었다 하더라도 행복이 얻어졌다고 할 수 있을까? 임종의 순간에 적은 일기에 '오늘도 종일 그 누구와도 대화하지 않았다.'라고 기록하는 일이 없다고는 단언할 수 없을 것이다.

행복은 밝은 인간관계로부터 시작된다

여러 사람들과 어울려서 즐겁게 생활하려면 다른 사람을 밀어내고 사는 것이 아니라, 자기 주위로 받아들이는 것으로써 자신의 생활을 풍부하게 해야 한다.

이른바 인생의 성공자라고 일컬어지는 사람들을 보자. 그 사람들은 많은 사람들을 자기 주위에 받아들여서 그들로부터 더 많은 협력을 얻은 사람들임을 알 수 있다.

협력을 구하는 폭이 크면 클수록 인간이 혼자서는 할 수 없는 일도 쉽게 이룰 수 있다.

행복하다고 마음속으로 생각하는 상태라도 마찬가지이다. TV에서 정말로 재미있는 프로를 보았다거나, 하늘이 맑게 개었다거나, 아니면 월급이라도 오른다는 말을 들었다고 해보자. 그러한 상태에 있다 하더라도, 오직 그것만으로는 행복하다거나 유쾌한 하루라고 생각하지 않는다. 어떤 하나의 중요한 일, 곧 협력의 모습이 빠졌다면 말이다.

예를 들어 진수성찬인 저녁 밥상을 앞에 놓았다고 하더라도, 단지 그것만으로 인간은 행복하다고 생각하지 않을 것이다. 만일 그

때, 아내는 남편의 바람기 때문에 화가 잔뜩 나 있고, 남편은 아내의 성난 얼굴을 흘겨보고 있으며, 아이들은 아이들대로 아빠 엄마의 싸움이 언제 터질 것인가를 몰라 불안해하고 있는 상태라고 생각해 보자. 그러한 식탁의 분위기라면 산해진미는 둘째치고 오히려 바늘방석에 앉은 것처럼 삭막하지 않겠는가.

직장에서도 역시 마찬가지이다. 월급을 많이 받고 있다 하더라도, 상사는 무서운 눈초리로 힐끔힐끔 감시하고, 동료들은 동료들대로 서로 시기와 증오의 감정을 가지고 으르렁거린다면 어떻겠는가.

인간은 아무리 물질적으로 풍부하더라도, 사람과 사람 사이의 연결 속에서 즐거움을 느끼지 못한다면 행복에 접근할 수 없다. 한마디로 행복이란 협력 관계, 즉 밝은 인간관계가 없이는 얻을 수 없는 것이다.

밝은 인간관계는 말로부터 시작된다

우리는 갖가지 어려움을 참고 견디며 살아간다. 그러는 동안에 우리는 즐겁고 보람 있는 삶을 위한 끊임없는 노력을 기울인다.

그렇다면 보람 있는 삶을 영위할 수 있는 방법은 무엇일까. 그것은 한마디로 사람들로부터 '제발 오래 살아 주십시오.'라는 열망을 받는 인간이 되는 것이다.

평범한 사람의 사는 보람은, 아내나 자식들이 '제발 오래 오래 사세요.' 하고 진실로 원할 때에 느끼는 것이다.

사람은 단 한 사람에게서라도 '살아 있어 달라.'는 말을 들을 때가 최고로 좋다. 그러한 말을 듣는 사람은 그만큼 훌륭한 인간관계를 갖고 있다는 말이 된다.

돈을 아무리 많이 갖고 있다 할지라도 자신을 싫어하는 인간관계에 둘러싸여 있다면 죽고 싶을 것이다. 이렇게 본다면 인생의 행복을 결정하는 것은 밝은 인간관계라고 해도 과언이 아닐 것이다.

금력이나 폭력 또는 권력으로 만들어지는 인간관계는 한낱 겉치레에 지나지 않는다. 그렇다면 밝은 인간관계를 만드는 것은 무엇인가? 그것은 곧 말의 힘이다. 유쾌한 대화의 능력을 길러야 한다. 따라서 우리는 어떻게 해서라도 그러한 능력을 갈고 닦지 않으면 안 된다.

바로 여기에서 '화법'의 문제가 대두된다.

인사는 인간관계를 만드는 첫걸음이다

우리가 인생을 보다 풍요롭고 유쾌하게 살기 위해서는, 많은 사람의 마음을 자신에게 강하게 끌어들이고, 협력 관계를 철저히 만들지 않으면 안 된다.

성공이라는 것도 결국 협력 관계없이는 생각할 수 없다. 세일즈맨이 상품을 파는 경우에 상대방의 마음을 자신에게 끌어들이지 못하고서는 성공할 수 없다는 것이 그 비근한 예이다.

말하는 것으로 상대방을 자기 쪽으로 끄는 첫 단계는 무엇인가. 그것은 바로 '인사'라는 것이다.

사람과 사람이 만나게 될 때나 이야기를 나눌 때, 대개의 경우 인사부터 하는 것이 통례이다. 그러므로 그 인사가 유쾌하면 그 순간에 이미 서로의 마음이 접근하게 되고, 그 후의 인간관계에까지 큰 영향을 준다. 따라서 '인사' 한 가지로써 인간관계가 결정된다고 하여도 과언이 아니다.

여러분들의 직장에서 한번 주위를 둘러보자. 아침에 동료나 상사에게 정답게 인사하는 사람은 반드시 친구가 많은 사람이라는 것을 발견하게 될 것이다.

"나는 친구가 없어."

"나는 정말 고독해. 나는 소외되었나 봐."

이런 사람들은 누구에게도 인사하지 않는 사람들이다.

내가 외국 여행길에서 수없이 경험했던 일이다. 아침에 호텔 엘리베이터 같은 곳에서 얼굴이 서로 마주치면, 첫 대면이라도 꼭 인사를 나눈다. 그리고는 이런저런 이야기를 나누고, 헤어질 때에도 꼭 인사를 나눈다.

"안녕히 주무셨는지요?"

"네, 감사합니다. 유쾌한 밤이 되셨는지요?"

그런데 우리나라 사람들처럼 인사에 인색한 사람들도 없는 것 같다.

가정에서도, 직장에서도 역시 '나는 나', '너는 너'의 상태가 많다. 밝은 인간관계를 만들기 위하여 적극적으로 노력하는 사람은 극소수에 불과하다.

혼잡한 버스나 전차에서 내릴 때에도 한마디 인사를 한다면, 주위 사람들이 기분 좋게 길을 틔워 줄 것이다.

"다음 역에서 내립니다, 죄송합니다."

그런데도 지금까지 인사라는 것은 다만 하나의 예의라고만 생각했을 것이다. 그런 까닭에 '안녕하십니까, 안녕히 주무셨습니까, 안녕히 가세요.' 따위의 천편일률적인 말들만이 곧 인사인 줄로 생각해 왔다. 물론 이런 것들도 인사인 것만은 틀림없지만 이러한 말만 가지고는 상대방의 마음을 끌어당기지 못한다.

따라서 이제부터 우리는 인사를 예의의 측면에서가 아니라, 인간관계의 기본 문제로서 생각해야 하는 것이다.

인사 능력이 없는 사람, 다시 말해서 인사하기를 귀찮게 여기거나 대수롭지 않게 생각하는 사람은 결코 원만한 인간관계를 만들 수가 없다.

3
인간관계의 시작은 바로 인사이다

관심을 얻는 것은 즐거운 일이다

인사는 곧 인간관계를 만드는 첫걸음이므로, 실제로 인간관계가 기분 좋게 맺어지도록 하기 위한, 인사에 대한 연구가 없어서는 안 된다. 효과적인 인사를 하기 위해서, 반대로 자신이 상대방에게 어떠한 인사를 받으면 기분이 좋겠는가를 생각해 보면 쉽다. 새 넥타이를 매고 출근한 동료에게 다정한 말 한마디 건네는 것도 좋을 것이다.

"야! 좋은 넥타이인데, 색상이며 디자인이 아주 세련돼 보여."

또는 여직원에게 진심으로 칭찬을 하는 것도 효과적일 것이다.

"이야, K 대리. 다시 봐야겠어. 정말 예쁘네……."

한마디로 우리 인간에게는 다른 사람으로부터 관심을 끌고 싶어하는 본능이 있다. 다른 사람들이 자신에게 강한 관심을 보일수록 즐거워지는 것이다. 반대로 그 누구에게서도 관심을 끌지 못하고 완전히 무시당한다면, 그것은 곧 죽음의 세계이다.

그렇다면 우리들의 인사 속에 '나는 당신에게 많은 관심을 갖고 있습니다.'라는 내용을 포함시키면 어떻겠는가.

"자네, 오늘 상당히 기분이 좋아 보이는데, 무슨 좋은 일이라도 있는 거야?"

"자네 어머님 병환은 좀 어떠신가?"

이러한 식의 인사를 받는 사람은 기분이 좋을 수밖에 없고, 자연히 이쪽에 대해서도 호감을 갖게 된다.

물건을 파는 매장의 경우에도 마찬가지이다. 인상이 좋은 매장이라고 하는 것은 직원이 미인이라는 따위보다는 기분 좋은 인사를 하느냐 안 하느냐에 달려 있다. 몇 번이나 그 매장에 물건을 사러 갔는데도 녹음기처럼, "어서 오세요. 고맙습니다."라고만 말하는 것은, 손님의 입장에서 보면 단골 대우를 하지 않는 것 같아서 섭섭한 느낌을 받게 된다. 만일 약국에 들렀을 때 약사가 다음과 같을 건넨다고 해보자.

"어서 오세요. 지난번에 감기약을 지어 가신 것 같은데 이제 완쾌되셨나 봅니다. 축하드립니다."

"오늘은 날씨가 무척 덥네요. 어디가 불편하셔서 오셨어요?"

이런 식의 인사를 해보자. 손님은 기분이 좋아서, 가까운 약국을 두고도 인사를 잘하는 약국으로 발길을 돌리게 된다.

인사는 사람을 아는 첫걸음이기 때문에, 상대방의 관심을 살 만한 내용을 항상 연구하고, 어떻게 인사를 하면 상대방이 좋아할까에 대하여 늘 생각하고 있는 것이 좋다.

다른 사람으로부터 관심을 얻는 것은 무엇보다도 즐거운 일이다. 서로 기분 좋은 인사를 나누고 살면 얼마나 즐거운 세상이 되겠는가.

다음으로 인사의 효과를 높이는 또 다른 조건에 대하여 생각해보자.

인사는 먼저 해야 한다

인사는 먼저 한다는 것이 중요하다. 항상 많은 사람들과 좋은 인간관계를 맺는 일에는 '먼저 인사한다.'는 노력이 없어서는 안 된다.

상대방에게 먼저 인사를 받는 일은 자신이 인간관계를 만드는 것이 아니고, 만들어지는 인간관계를 기다리는 것이다. 자신이 항상 적극적으로 인간관계를 만들어 나가려면, 우선 '먼저 인사하는 습관'을 길러야 한다.

기차나 고속버스 안에서 옆 좌석에 앉은 사람에게 이쪽에서 먼저 인사하지 않으면, 목적지에 도착할 때까지 한 마디도 나누지 못하고 헤어지는 수가 많다. 만일, "어디까지 가십니까?"라는 식으로 인사가 시작되면 그로부터 대화가 성립되고 친하게 될 가능성도 생긴다.

나는 많은 친구들을 가지고 있는데, 거의가 인사를 발단으로 사귄 친구들이다. 세미나 같은 데서도 여러 강사들과 만나지만, 그때에 인사가 없으면 함께 강연했다는 것뿐으로, 그 뒤로는 아무런 접촉도 없게 된다.

"저는 선생님 다음 차례에 ○○라는 주제로 강연한 ○○○입니다."

"선생님 성함은 전부터 익히 들었습니다. 이렇게 뵙게 되어 영광입니다."

이런 식으로 인사를 하게 되면, 자연히 그 사람과 인간관계가 맺어지게 된다. 그 뒤에는 어떤 곳에서 만나더라도 다음과 같은 식으로 인간관계가 깊어지는 것이다.

"일전엔 정말 실례가 많았습니다."

"원 별 말씀을……. 다시 만나게 되어 반갑습니다."

인간관계를 많이 갖고 있는 사람이나 인간관계를 많이 만들려고 노력하는 사람은 모두 자기 쪽에서 먼저 인사를 하는 사람이다.

직장에서도 팀원들과 좋은 인간관계를 맺고자 하는 팀장은 반드시 솔선해서 먼저 팀원에게 말을 건넨다. 부하직원의 인사만을 기다리는 상사에게서는 부하직원도 상사에게 인사하기가 어색하게 느껴지는 것이며, 이러한 직장의 분위기는 냉랭할 수밖에 없다.

친구가 없다거나 소외되어 있는 사람은, 스스로 인간관계를 만들려고 노력하지 않는 사람이다. 이런 사람은 인사와는 거리가 먼 사람이라고 단언해도 과언이 아니다.

우스운 이야기로 '저 사람이 먼저 인사할 때까지는 죽어도 먼저 안 할 거야.'라는 소리를 하는 사람도 더러는 있다.

특히 회사의 사장이나 부장이라고 하는 사회적 지위가 높은 사람은 부하 직원에게서 인사를 받으면, "어어!" 하고 마치 까마귀 울음 같은 소리를 내고는 답례를 해치웠다고 생각하는 사람이 많다.

아침에 직원이 "나오셨어요?" 하고 인사를 하면, 힐끗 쳐다보고는 '게으름 피우지 않고 제 시간에 나왔군.' 하는 식의 표정을 짓거나 마치 화가 잔뜩 난 표정으로 무뚝뚝하게 '음.' 하고 마지못해 인사를 받는 것 같은 사람이 더러 있다.

적어도 다른 사람보다 먼저 자신 쪽에서 인사하려고 하지 않는 사람은, 형식이나 예의에 얽매여 밝은 인간관계를 맺는 데 있어서 가장 중요한 '인사의 역할'을 생각지 못하는 까닭일 것이다.

'도저히 그런 사람에게 먼저 인사를 할 수는 없어.'

'나는 상관이고, 그는 내 부하야. 부하가 상관에게 먼저 인사하는 것은 당연하지.'

이런 식으로 생각하고 행동하는 사람은 인사를 하나의 형식으로 생각하며, 마치 인사를 상대방과 자신과의 여러 의미에서 우열의 결정처럼 생각한다. 그러므로 'A는 나보다 낮은 지위에 있으니까 그가 나에게 먼저 인사를 할 일이고, B는 나보다 높은 지위에 있으니 내가 먼저 인사하는 것은 당연한 일이지.' 하는 방향으로 생각하는 것이다.

다시 말하지만, 인사는 밝은 인간관계를 만드는 첫걸음이다.

밝은 인간관계라고 하는 것은 자진해서 실천하지 않으면 만들어지는 것이 아니다.

밝은 인간관계를 만들어서 이익을 얻는 사람은, 다른 사람이 아닌 자기 자신이다. 남보다 먼저 인사하는 것을 손해라거나 체면에 관계된다고 생각하는 사람은 '인사'를 전혀 다른 각도에서 보기 때문이다.

이러한 문제는 자기 자신이 상대방으로부터 먼저 인사를 받았을 때의 기분을 생각해 보면 쉽게 알 수 있다.

먼저 인사를 받게 되면, 이편에서는 좀 더 큰 호의가 담은 답례를 해야만 한다. 이것은 빚을 진 경우와 같아서, 돌려 줄 때에는 이자를 붙여 주어야 하는 것과 마찬가지이다. 그 이자라는 것도 상대방의 입장에서 보면 당연한 것으로써, 상대방에게 관심을 보였다는 인사의 효과는 없는 것이다.

상대방에게서 먼저 인사를 받았다는 것은, 말하자면 면목을 하나 빼앗긴 셈이다.

이와 같은 이치로 생각한다면, 윗사람이 부하에게 먼저 인사를 받고도 무관심한 것은 부하에게 어떤 조건을 붙여 주는 셈이므로, 이는 곧 무능력자라는 결론에 도달하게 된다. 자기의 가치가 높아지는 것도 아니며, 오히려 부하에 대한 지배력을 잃는 결과만 초래할 뿐이다.

반대로 윗사람이 부하에게 먼저 인사를 한다면 어떻게 되겠는가. 바둑이나 장기의 명인과 같이 부하를 완전히 자기의 조건 속으로 끌어들여야 한다.

"어이, 안녕하신가? 어제 늦게까지 수고했는데, 이렇게 아침 일찍 나왔군 그래." 하고 상사가 먼저 인사를 하면, 부하 직원은 "아닙니다. 그런데 뭐 또 다른 일은 없습니까?" 하며 오히려 더 미안해하게 된다.

윗사람이 아랫사람에게 먼저 인사하는 회사는 점차 번창하기 마련이다. 반대로 제왕처럼 군림하는 식의 얼굴로 간부가 우뚝 버티고 앉아 있는 곳이라면 인간관계는 어두울 수밖에 없다.

어떻게 보면 극히 간단한 문제이다. 그러나 사람에게는 여러 가지 감정 충돌이 있어서 아무에게나 인사하게 되지는 않는다. 자신이 싫어하는 사람에게 인사한다는 것은 대단히 어려운 일이지만, 먼저 자신부터 인사를 한다는 마음가짐으로 밝은 인간관계를 만들어야 할 것이다.

지금까지 인간관계를 만드는 가장 기본적인 것이 곧 '인사'라는 관점에서 생각해 왔다. 다음으로 그 '인사'와 상관관계에 있는 '대답'에 대하여 생각해 보고, 인간관계를 만드는 기초 능력으로써 '인사와 대답'의 문제를 알아보자.

대답은 밝은 인간관계를 맺는 지름길이다

'대답'이란 대체 무엇일까? 그것은 인간 생활에 있어서 어떤 구실을 하는 것일까? 이제 일상생활 가운데에서 한번 생각해 보자.

예컨대 우리가 택시를 탄다거나, 식당에 간다거나, 백화점에서 물건을 산다거나 할 때에 상대방에게 대답을 듣지 못하게 되면 대단히 기분이 언짢을 것이다. 예를 들어 택시를 타고 "기사님, ○○으로 갑시다." 하고 말했는데도 아무런 대답이 없다고 해 보자. 듣지 못했나 하고 다시 한 번 "○○으로 갑시다." 하고 말하는 순간 "알고 있어요." 하는 무뚝뚝한 대답이 돌아온다면 모처럼 탄 차도 그만 빨리 내리고 싶을 것이다.

식당에서도 마찬가지이다.

"여기요, 메뉴판 좀 줘 보실래요?" 하고 말했는데도, 힐끗 쳐다 보고는 다가와서 아무런 말도 없이 메뉴판만 놓고 간다면 불쾌할 것이다.

그렇다면 왜 이런 일들이 일어나는 것일까? 이는 사회 통념적으 로, 싫은 사람에게는 대답을 하지 않아도 좋다는 생각이 잠재해 있 기 때문이다. 바꾸어 말하면 인간관계를 맺고 싶지 않다는 뜻이다.

또 마지못해서 대답을 하는 경우가 있는데, 이것은 '너와는 인간 관계를 맺고 싶지 않지만, 할 수 없어서 대답하는 거야.' 하는 의지 표시가 되는 것이다.

따라서 대답을 하지 않는다거나 마지못해 하는 대답이라면, 상 대방이 자신과의 인간관계를 거부한다고 생각된다. 그뿐이 아니라, 대답이 불손하거나 들리지 않아서 대답을 하지 못한 때에도, 상대 방은 거부되어진 인간관계로 생각하게 된다.

따라서 '대답'에 관한 문제는 인간관계를 맺는 일에 중요한 구실 을 한다.

우리가 하루를 보내면서, '오늘은 참 즐거운 날이었어.'라고 생각 하는 경우는, 대개 밖에서 기분 좋은 대답을 많이 들었던 날이다. 그러므로 '대답'이라는 것도 '인사'와 마찬가지로 인간관계를 맺는 중요한 언어의 힘을 지녔다고 할 것이다.

그렇다면 가장 좋은 대답의 방법은 어떤 것일까?

첫째는, 무엇보다도 대답은 '빨리' 해야 한다는 것이다.

둘째는, '밝게', '기분 좋게' 해야 한다는 것이다.

셋째는 항상 주위의 사람들과 인간관계를 기분 좋게 맺는다는 마음가짐을 갖는 것이다.

대답의 방법이 좋지 않으면, 벌써 그것으로 서로의 인간관계는 불쾌하게 된다.

끊임없이 기분 좋은 인간관계를 만들려고 생각한다면 언제나 즐거운 마음으로 대답해야 한다.

인생을 성공으로 이끄는 **대화법**

Chapter
02

화법은
마음을 지배하는 것이다

:

언어는 곧 넋이라는 사실을 이해해야만 한다.

살아 있는 언어가 사람을 움직이는 것은 언어가 그 사람의 마음을 뒷받침하기 때문이다.

죽은 언어가 사람을 움직이지 못하는 것은 그 사람의 마음이 함께 하지 않았기 때문이다.

1
말은 목적이 있어야 한다

효과 없는 대화는 아무 소용이 없다

어느 날, 나는 강의시간보다 조금 일찍 강의실에 들어갔고 마침 학생들이 줄지어 들어왔다. 그런데 자리에 앉으면서 '안녕하세요.' 라거나 '미안합니다.' 하고 인사를 하는 학생은 거의 없었다. 모두가 멍청하게 침묵만 지키며, '네가 왔느냐.'는 식의 얼굴들을 하고 있었다.

그때 나는 학생들에게 다음과 같이 나무라는 말을 했다.

"도대체 여러분은 무엇 하러 이 강의실에 들어왔지요? 아까부터 보고 있는데도 인사를 하는 사람은 한 사람도 없었어요. 대체 강의시간에 내가 말한 '인사'에 대한 이야기는 다 어디로 흘려버린 거지요? '화법'이라는 것은, 실제로 실천하지 않으면 아무 소용이 없는 것입니다. 실제로 말을 할 수 있는 능력을 갖지 못하면 전혀 의미가 없다는 말입니다."

이와 같이, 화법에 있어서 가장 중요한 문제는 역시 사실상의 효과, 곧 실효이다. 실제의 효과가 없으면 말을 해도 아무 소용이 없다. 따라서 화법은 먼저 '효과'의 측면에서 이해하는 것이 필요하다고 할 것이다.

또한 사람이 말을 하는 경우에는 반드시 목적이 있다.

어떤 일을 '이해해 주시오.', '알아주시오.', '고쳐 주시오.', '생각해 주시오.' 등 이런 것이 모두 목적이다.

말을 했는데도 그 목적을 달성하지 못했거나, 상대방에게 미움을 받았다면, 차라리 말하지 않았던 편이 훨씬 나을 것이다.

만일 부하 직원에게 좀 심하게 충고를 했더니, 그 직원이 드디어 직장을 그만두기로 결심하고 말았다면 말에 역효과가 난 경우이다. 부하에게 충고를 했으면 부하의 잘못이 당장 고쳐져야만 그 충고의 목적이 달성되어야 했을 것이다. 이처럼 말은 효과를 보아야만 하고 목적이 있어야만 하는 것이다.

말은 곧 마음의 표현이다

언어에는 생명이 있다고 한다. 그렇다. 언어에는 살아 있는 언어와 죽은 언어가 있다.

말하는 사람의 생명이 깃들어 있는 언어, 그것은 살아 있는 언어이다. 마음에도 없이 혀끝으로만 하는 말, 그것은 곧 죽은 언어이다. 아무리 재미있는 말을 하더라도, 그 말이 사람을 움직일 수 없고, 한 푼어치의 값어치도 없다면 그 언어는 죽은 언어인 까닭이다.

여러 가지 지식을 자랑삼아 드러내 보이며 청산유수처럼 시원하게 달변을 늘어놓는 사람에게서도, 조금도 마음이 동하지 않는 경우가 많다. 이와는 반대로, 말주변이 없어도 전력을 다하여 이야기하는 사람에게서는 감동을 받을 수가 있는 것이다.

예전에는 '언어에 내재하는 영적 힘'이라고 하여 마음과 언어를 분리하지 않았다. 그러나 언어는 곧 넋이라는 사실을 이해해야만 한다. 살아 있는 언어가 사람을 움직이는 것은 언어가 그 사람의 마음을 뒷받침하기 때문이다. 죽은 언어가 사람을 움직이지 못하는 것은 그 사람의 마음이 함께 하지 않았기 때문이다.

말은 들어 주는 사람이 없으면 성립이 되지 않는다. 들어주지 않는 이야기를 한다는 것은 발성연습을 하는 것에 지나지 않는다.

겸허한 사람이 참으로 자신감을 가진 사람이다

흔히 사람들 앞에서 이야기할 때에는 자신감을 가지라고 한다. 나도 확실히 자신감이 있다고 생각한다. 그렇다면 자부심이라는 것은 무엇인가?

자신감과 자부심은 분명히 다르다. 자부심은 실제적으로는 자기 자신을 모욕하는 것이다. 자기의 현재의 모습이 자신이 나타내는 최고의 모습이라고 생각하기 때문이다.

내 경우에 있어서는 남들이 아무리 훌륭하게 이야기했다고 칭찬을 하여도 아직 멀었다고 생각하는 때가 많다. 그것은 나에게는 더 훌륭하게 이야기할 수 있는 힘이 있을 것이라고 생각하는 까닭이다.

예를 들어 일억 원의 돈을 가지고 만족하는 사람은, 자기에게는 일억 원의 능력 이상은 없다고 단언하는 사람이다.

자부심이라는 것은 이런 의미로 자기를 모욕하는 것이다. 따라서 오히려 겸허한 사람이 참으로 자신감을 가진 사람이라고 생각해도 좋을 것이다. 겸허한 사람이란 현재보다 높이 되는 자기를 의식하는 사람이다.

따라서 나는 여러분에게 크게 자신을 가져 달라고 부탁하고 싶다. 자부심이 아니라, 현재의 단계에서는 이 이상 할 수 없다는 기분으로 말이다.

용기는 자신을 더욱 증대시킨다. 용기는 곧 마음의 모습이다. 용기가 없이 말을 하면 그것은 단순히 언어의 연결에 지나지 않는다. 결론적으로 나는 여러분에게 이렇게 말하고 싶다.

"여러분, 이야기를 할 때에 가장 중요한 것은 용기입니다. 이 용기의 바탕 위에서 자신감을 가지십시오."

몸과 마음을 합쳐 표현할 수 있어야 한다

대화 불능이 되는 데는 몇 가지의 요인이 있다. 그중 첫째는 '비판을 받으면 어쩌나.' 하고 생각하는 마음이고, 다음으로는 훌륭하게 말을 못 하면 무시당하지 않을까 하는, '훌륭하게 말해야 한다.'는 본성이다. 그리고 또 하나는 '무시당하는 것이 아닐까.' 하는 공

포이다.

나는 비판받아도 좋다고 생각하는 사람이다. 인간인 이상 비판받는 것은 당연하다. 비판을 받지 않는다면 그것은 죽은 사람이다. 여러분은 상갓집에 가서 죽은 사람을 비판하지는 않을 것이다.

따라서 비판을 받지 않는 인간은 죽은 인간이다. 살아 있기 때문에 비판을 받는 것이다. 그러므로 비판을 무서워하지 말고 담대히 받아들여야 한다. 인간은 활발하게 살면 살수록 비판이 강해지는 법이다.

다음으로, 잘 이야기하지 못하면 어쩌나 하는 염려스러운 본성은 버려야 한다. 그렇게 쉽게 이야기가 잘되어지는 것은 아니니까, 훌륭하게 말하는 기준도 모르면서 훌륭하게 말하겠다는 자체가 도대체 우스운 일이다.

어떤 모델에게 세로줄 무늬의 옷이 어울린다고 해서 깡마른 사람이 세로줄 무늬의 옷을 입는다면 어떻겠는가. 아마 더욱 꼬챙이같이 보일 것이다.

마른 사람에게는 역시 가로로 된 줄무늬가 어울리는 것이다. 마찬가지로 뚱뚱한 사람이 가로줄 무늬의 옷을 입으면 드럼통이 되고 만다. 이와 같은 이야기도 자기 나름대로의 스타일이 아니면 안 된다는 말이다.

세 번째는 자신이 무시당한다면 하는 생각이다. 회의석상에서 발언할 때에, 자기의 발언이 무시당하지나 않을까 하는 기분이 강하다면 이야기를 할 수가 없다.

인간이 가장 두려워하는 것은 무시당하는 일이다. 그러나 남들이 자기를 무시한다고 해도 세상에서 한 사람만은 무시하지 않는 사람이 있다. 그것은 곧 자기 자신이다. 모든 사람에게서 무시당했다 하더라도 자신이 자기를 따뜻이 지켜 주면 되는 것이다.

자기만은 자기를 무시하지 않는다는 기분으로 말하면 어떨까. 따라서 우리는 비록 한정된 주제 속에서라도 자신을 가지고 이야기하면 되는 것이며, 바로 이것이 이야기할 때에 중요한 점이다.

"여러 사람 앞에서는 말이 잘 나오지 않아요. 어떻게 하면 될까요?"

이러한 질문을 하는 사람도 있다. 이런 사람에게는 그런 촌스러움이 없어지지 않는 한, 여러 사람 앞에서 이야기하는 것이 불가능하다.

이 촌스러움을 철저하게 없애고 몸과 마음을 몽땅 합쳐서 표현할 수 있게 된다면 그야말로 '천만 사람이라고 해도 겁날 것 없다.'는 자신이 생긴다. 그리고 이상하게도 몸과 마음이 일체가 될 때 사람의 태도는 뛰어나게 돋보인다는 것이다.

2
말의 효과와 힘이란 무엇인가

성실함은 곧 힘이다

우리는 지금 '말의 효과'에 대하여 생각해 왔다. '효과'라고 하면 어떤 이해타산이 수반하는 것으로 오해하기가 쉬운데, 이것은 웅변술의 영향을 받는 때문일 것이다.

'효과'라는 말은 영어의 'Effect'를 번역한 것이다. 그러므로 '결과'나 '영향'으로 번역해도 좋고, '변화'라고 번역해도 무방하다. 따라서 말을 한 결과에 따라서 생기는 변화가 곧 '효과'라고 할 수 있다.

또 말을 함으로써 상대방에게 어떤 변화를 주는 힘, 그것을 '말의 힘'이라고 한다. 앞에서도 말한 바와 같이, 말의 힘이 약하면 발성 연습에 그치고 만다는 점을 유념할 일이다.

'말의 힘'은 대체로 세 가지의 요소로 성립되어 있다.

그 첫째가 '성실'이다.

성실하지 못한 사람은 아무리 훌륭한 말을 하여도 사람을 움직일 수는 없다.

아무리 그럴듯한 말로 사람을 속이고 또 부당한 이득을 취하려는 생각으로 이야기해도 듣는 사람은 반드시 의심을 품을 것이다. 그것이 말의 효과를 감소시킨다는 것은 재론의 여지가 없다.

두말 할 필요도 없이 남과 대화할 때는 참되게 말해야 한다. 자기의 마음을 어떻게든 남에게 알리려 한다면, 말을 꾸며서 해서는 안된다. 역시 자기의 마음속에 있는 것을 그대로 드러내 놓아야만 상대방의 마음도 움직일 것이다.

애인에게 사랑을 고백할 때에도 그렇다. 진실로 좋아한다면 언어 같은 것은 그다지 문제가 되지 않을 것이다. 좋아하지도 않으면서 달콤한 말로 속삭인다면 상대방은 금세 알아차리고 경멸할 것이다.

사람들이 부러워할 만큼 번창하는 매장의 경우에는, 틀림없이 그곳의 주인이나 직원이 자기의 물건을 마음으로부터 그 가치를 인정하고 "아마 이 물건을 사신다면 후회하지 않을 것입니다." 하는 말을 설명하는 곳이다.

이와는 반대로, 매상이 부진하여 허덕이는 매장에서는 손님이 들어오기만 하면 달콤한 말로 손님을 구슬린다. 이렇게 되면 결과는 뻔하다.

'성실'은 사람의 마음을 움직인다. 우리는 말을 통해 상대방의 마음과 접촉한다. 말과 인품은 서로 밀착되어 있다. 성실하지 못한 사람은 말이 헛돌아서, 상대방에게 도리어 반감을 갖게 하고 역효과를 얻게 된다.

그런데 여기서 말하는 '성실'이란 교과서적인 의미는 아니다. 자신이 생각한 것이나 느낀 점을 본심대로 말하라는 것이다. 그렇지 않고서는 사람의 마음을 움직일 수 없기 때문이다. 그런데 본심을 말하라고 해서 느낀 점과 생각한 일을 전부 속속들이 드러내라는 것은 아니다.

세상에는 말을 해서 좋은 것과 나쁜 것이 있다. 그러한 구별을 하지 못하는 사람은 이른바 몰상식하거나 머리가 빈약한 사람이다.

어린아이는 남의 단점을 여과 없이 말해서 곤란하게 하는 수가 있는데, 그렇다 해도 어린아이이기 때문에 용서를 받지만 어른의 경우에는 용서를 받을 수가 없는 것이다.

말을 해서 나쁜 일은 입을 꼭 다물어야 하고, 말을 해서 좋은 일은 본심으로 해야 한다. 이것이 내가 말하는 '성실'이다. 따라서 화법의 연구는 사고력을 기르는 일도 된다. 이 '성실'이라는 것에 대하여 미국의 어느 유명한 화법연구가는 다음과 같이 말했다.

"성실하지 못한 사람이 아무리 화법을 연구하여도 그 말로 사람을 움직일 수는 없다. 그러나 마음에서부터 화법을 연구하면 성실하지 않을 수 없다."

성실과 말의 힘은 이와 같이 밀접하게 연결되어 있다. 다시 말하면, '성실'은 곧 '힘'인 것이다.

열의를 다해야 한다

'말의 힘'의 3요소 중에서 그 두 번째는 '열의'이다.

흔히 이야기를 할 때에 보면, 여러 사람이 좋은 내용을 가지고 이야기하지만, 열의를 기울이지 않고 임기응변으로 말하는 사람이 의외로 많은 것 같다. 학교 선생의 강의, 특히 대학교수의 강의에 이

열의가 부족한 경우가 있다.

따라서 아무리 듣기 좋은 말이라도 마음을 다 바치는 열의가 없이는 효과를 거둘 수 없다.

어떤 목사는 일요일마다 신자들에게 설교를 했다. 그런데 목사가 설교를 할 때마다 신도들은 하품을 하거나 졸음과 지루함이 뒤섞인 표정이었기 때문에 목사의 눈살을 찌푸리게 하였다.

어느 일요일 아침에 목사는 신문을 읽었다. 그 신문의 기사 가운데서 목사 자신도 견디기 어려우리만큼 자극적인, 옳지 못한 대목이 있었다. 목사의 가슴에는 사회정의에 입각한 분노가 들끓었다.

'그래, 이것을 신자들에게 전하자.'

이렇게 생각한 목사는 다음 일요일에 설교를 시작하였다. 목사는 신문에서 읽은 기사에 온 신경을 곤두세우고 최선을 다해 설교를 하였다.

잠시 후에 그는 문득 신도들의 태도에 놀라지 않을 수 없었다. 과거의 예배 시간에 있었던 공기와는 전혀 다르게 교회 전체에 열기가 넘치고, 신자들 모두의 눈이 별빛처럼 빛나고 있었던 것이다.

목사는 지금까지 성서의 내용을 미사여구로 그럴듯하게 늘어놓아 신자들을 감동시키려고 했던 것이 얼마나 미약한 방법이었던가를 깨달았다. 그는 '이것만은 꼭 말하지 않으면 안 된다.' 하는 열기에 넘친 설교를 해야만 신자들의 마음을 감동시킬 수 있다는 것을 비로소 깨달았던 것이다.

그러한 일이 있고 나서부터 그 목사는, 임의적으로 그러한 기분이 되려고 설교 전에 노력하고 준비하여, 항상 열기에 넘치는 설교를 하게 되었다고 한다.

이와 같이, 예부터 명연설이나 명대사라는 것은 거의가 이 '열의'에 의하여 결정된다고 하여도 무방하다. 배우가 무대에서 열연한다는 것도, 자기의 연기에 자기 자신을 몰두시켜서 결사적인 몸부림으로 표현한다는 말일 것이다.

여러 정치가의 연설을 들어 보아도, 그 일 자체에 혼신을 기울여 말하는 사람은 많지 않은 것 같다. 자신이 생각하는 것을 다른 생각 때문에 충분히 표현하지 못하는 사람이나, 다른 사람이 대신 쓴 원고를 놓고 여러 가지 제스처를 써 가며 떠드는 사람들을 보면 실로 한심한 생각이 든다.

열의를 가진다는 데에는, 자신이 스스로의 행동에 분발하고, 진심으로 자기의 모든 것을 총합하여 부딪쳐 나가는 것이 필요하다.

'사자는 토끼 한 마리를 잡는 데에도 전력을 다한다.'는 말과 같이, 어떠한 경우에서라도 이야기를 할 때의 기본은 '열의'라는 것을 명심해야 한다.

자신이 한 말에 대한 책임은 자신이 져야 한다

정성과 열의를 다해야 한다. 정성과 열의가 있으면 금석도 녹일 수 있다. 그러나 그것만으로는 충분하지 못한 것이 '말'이다.

"그렇게 열심히, 열과 성을 다하여 말했는데도 왜 이해를 못 할까?"

이런 탄식을 하는 사람이 의외로 많이 있다.

이와 같이 정성과 열의를 가지고도 어떻게 안 되는 수가 흔히 있는 것이다. 바로 여기에 '화법'에 대한 여러 가지 연구의 필요가 생기는 것이다. 이것이 바로 기능의 연구이다.

'말의 힘'의 3요소 중의 세 번째가 '기능'이다.

기능이라고 하면 곧 '테크닉'이라고 생각할지 모르지만, 실상은 그렇지 않다.

말에는 여러 가지 문제가 있다. 이를테면 설득을 목적으로 하는 문제, 충고를 목적으로 하는 문제, 설명을 목적으로 하는 문제 등 여러 가지가 있는 것이다. 이러한 여러 가지 문제마다 제각기 필요한 법칙이나 조건이 따르게 된다.

'기능'이라고 하는 것은, 말에 얽힌 여러 가지 문제를 연구하고, 그 위에 다시 표현법이나 기술 등이 종합된 것이다.

그러므로 과거와 같이 발음 연습이라든지, 대화의 언어 사용 연습이라는 것이 곧 기능의 연습을 의미하지는 않는다. 그렇다고 그러한 것의 필요성을 인정하지 않는 것은 아니며, 그것은 사소한 것으로써 근본적인 것은 아니라는 얘기이다.

말에 대한 연구회나 강습회가 여러 곳에 설치되어 있지만, 거기서도 다만 화법에만 치중하여 '이렇게 하면 잘된다.'는 식으로, 언어를 어떻게 구사하느냐 하는 데에만 중점을 두어 근본적인 문제를 소홀히 하는 경향이 많은 것 같다.

'언론과학연구소'의 연구 문제는 말의 언어적 기술도 아니고, 단순한 표면상의 테크닉도 아닌 화법의 근본에 관련되는 것들이다. 이를테면 태도가 기능연구의 중요한 문제가 된다. 그것은 태도가 말의 효과에 결정적인 요인이 되는 까닭이다. 가난을 면치 못하면서도 "나 돈 모으고 있어." 하고 말한다 해도 그 사람은 돈을 모을 것이라는 확신이 서지 않을 것이다. 다시 말하면, 말하기 전에 그 말의 결과를 미리 내놓는 경우가 흔하다는 것이다.

만일 어떤 사람에게 "좀 할 말이 있는데요."라고 했을 때에, 상대방이 굳어진 표정으로 "무엇인지 들어나 봅시다." 하고 나온다면 더 이상 말할 기분이 나지 않을 것이다.

이렇듯 화법은 상당히 복잡하다. 이룰 수도 없는 약속을 하고는 뒤에 웃음거리가 되는 사람이나, 경솔하게 말하고는 고민하는 사람이 많다. 이와 같은 사람들은 아무런 생각도 없이 말해 버리는 습성을 가지고 있다.

반대로 생각을 너무 지나치게 하여 정작 해야 할 말을 하지 못하는 경우도 있다. 그런가 하면 오히려 대담하게 잘라서 말하면 그런 대로 용기가 생겨서 확실한 행동으로 옮겨진다고 생각하는 사람도 있다.

물론 이런 점도 필요하다고 생각된다. 다만 자신이 한 말에 대한 책임은 자신이 지지 않으면 안 된다는 점만 명심하면 될 것이다. 이러한 점을 유념하여 성실하게 말해야 한다.

말하는 능력도 갈고 닦아야 그 빛을 발한다

내 아내는 보석 감정사가 되는 공부를 하고 있다.

어느 날, 아내는 한 개의 원석을 가지고 와서 물었다.

"당신, 이게 뭔지 알겠어요?"

자세히 살펴보니 틀림없는 루비의 원석이었다. 그래서 나는 아내에게 "루비의 원석이군. 이거 얼마에 샀지?" 하고 되물었다. 그러자 아내는 "2만 원에 샀어요." 하고 말하며 어깨를 으쓱해 보였다. 나는 속으로 '만약 이 원석이 전문가의 손에 들어갔다면 수십만 원을 호가하는 보석으로 변했을 텐데.' 하고 생각하면서 감탄을 했다.

우리는 모두 말하는 능력을 가지고 있다. 그러나 갈지 않은 원석이 별 가치가 없는 것처럼, 말하는 능력도 갈고 닦아야 그 빛을 발하는 것이다.

다이아몬드를 비롯한 모든 보석은 그것을 갈고 닦아서 훌륭하게 가공함으로써만이 그 가치를 지니게 된다. 아무리 좋은 칼도 갈지 않으면 베어지지 않는 법이다. 칼은 '가는 데'에 생명이 있기 때문이다.

말의 힘도 연마 여하에 달렸다. 말의 힘은 신이 인간에게만 준 것이다. 말하는 힘은 사회생활에서의 기본적인 능력이다. 우리는 이러한 능력을 기르는 데에 소홀하지 말아야 할 것이다.

우리가 살아 있는 시간은 한정되어 있다. 그리고 그 시간은 대단히 짧은 것이다. 그런데도 서투른 말솜씨를 가진 사람들 때문에 지루한 시간을 가져야 한다는 것은 짜증스러운 일이 아닐 수 없다.

말솜씨가 서툴러 곤란한 것은 본인 자신뿐 아니라, 듣는 상대방에게도 그 이상의 괴로움을 끼친다는 것에 유의해야 한다. 그것은 마치 불결한 것을 몸에 지니고 태연하게 걸어 다니는 것과 같다. 불결한 것을 지닌 사람은 본인도 냄새가 나서 괴롭겠지만, 주위 사람들은 더욱 괴로운 것이다.

따라서 서투른 말솜씨를 가지고서도 태연한 사람들은 바로 주위 사람들의 관용이라는 혜택에 만족하는 족속들이다. 그래서는 안 되는 것이다.

그러므로 말솜씨가 서투른 것은 자기의 문제라기보다는 오히려 상대방에 대한 예의의 문제로써 고려해야 한다.

참으로 사람들에게 기쁨을 줄 수 있도록 화법의 연구에 노력하고 연마하지 않으면 안 된다.

3
말만으로 완전히 실효를 거둘 수는 없다

눈에 대한 자극이 귀에 대한 자극보다 훨씬 강하다

화법이라고 하면 곧 언어와 목소리만을 생각하는 사람이 많다. 그런데 훌륭한 세일즈맨이나 잘 나가는 예능인들의 경우를 보면, 그들은 이야기하는 일보다 오히려 태도에 중점을 두는 것 같다.

전에 나는 친구의 출판기념회에서 당시 장기의 고수인 K 씨를 만난 적이 있었다. 그때, K 씨는 내게 이런 말을 했다.

"장기를 잘 두느냐 못 두느냐 하는 것은, 그 사람이 장기판 앞에 앉았을 때의 앉음새를 보면 알 수 있지요. 좀 더 자세히 말하면, 장기를 쥐는 손이나 벌려 놓는 방법으로 알 수 있다는 말이지요."

그래서 내가 다시 물었다.

"그렇다면 어떤 자세로 앉는 것이 훌륭하다는 말인가요?"

그러자 그는 나에게도 수긍이 가는 대답을 해주었다.

"서투른 사람일수록 장기판에 가까이 앉지요. 또 머리를 거의 맞대다시피 하고 둡니다."

흔히 장기를 두게 되는 경우에, 사람에 따라서는 판을 무릎 사이에 끼우다시피 하여, 상대방에게 자신이 놓는 손을 보이지 않게 말을 쓰는 사람이 있다.

K 씨는 이렇게 말했다.

"판에서 적당히 떨어져서 판 전체가 한눈에 들어올 수 있는 자세로 앉는 것이 훌륭한 자세입니다."

　이 말을 듣고, 내가 "그렇다면 장기판에서 좀 떨어져 앉으면 선생님으로부터 잘됐다고 칭찬을 받게 되겠군요."

　그랬더니, K 씨는 이렇게 덧붙였다.

　"아니, 가령 처음에는 멀찍이 앉았더라도 서투른 사람은 자기도 모르게 판에 다가앉아 두게 되지요. 결국 서투른 사람은 판에 다가앉는다는 것입니다. 이 점에 있어서는 설명할 여지도 없겠지만, 판 전체를 보지 못하면 전체적으로 말의 힘을 발휘할 수가 없게 되니까 서투르다고 하는 것이지요."

　이것은 태도라는 문제를 고려할 때 대단히 중요한 참고가 되는 말이라고 생각된다.

　말을 할 때에 두리번거린다거나, 침착하지 못하다거나, 또는 보기 싫은 추한 태도를 보이는 사람은 애당초 힘든 사람이다. 우물쭈물하거나 흐리멍덩한 모습을 한다든지, 또는 말을 하면서 괜히 으스댄다든지 하는 사람 중에서 과연 훌륭하게 말하는 사람이 있을까.

　'저 사람의 말솜씨는 대단히 훌륭하다.'고 생각될 때의 그 사람의 태도는 역시 당당할 수밖에 없다.

　'그 사람의 말은 훌륭했지만 어딘지 모르게 빈약한 데가 있어.'라고 생각될 때는, 역시 그 사람의 태도가 어딘지 침착하지 못했다거나, 주눅이 들었거나, 그렇지 않으면 허세를 보인 것이라고 볼 수 있다.

　이렇게 생각해 보면, 태도를 보고 곧 그 사람의 말의 내용이나 마음속까지 알게 되는 것이다.

웅변대회의 심사위원을 하면서 느낀 것이지만, 나는 언제나 연단에 선 사람의 태도만 보아도 이 사람은 어느 정도라는 것을 알 수 있었다. 지나치게 긴장해 있거나 서둘러 댄다든지, 혹은 으스대는 태도로 말을 시작하는 사람치고 변변히 연설을 하는 사람은 없다.

이와 같이 태도는 말하는 이전의 문제이며, 또 말하는 핵심이 된다. 따라서 항상 남의 말을 듣게 될 때에는 그 사람의 태도를 눈여겨보아 둘 필요가 있다.

그런데 태도라고 하면 외관이나 의복 같은 것이 문제인 것 같지만 실상은 그렇지 않다. 물론 두 다리를 벌리고 발을 버틴다든지, 혹은 단추나 지퍼가 채워지지 않았다든지, 넥타이가 비뚤어졌거나 옷깃이 벌어졌다든지 하는 등등의 상태도 문제가 안 되는 것은 아니다. 그러나 역시 태도 가운데에서 가장 중요한 것은 '눈빛'이다.

아무리 침착한 태도를 보이려고 해도 그 사람의 눈빛이 초조하거나 불안해 보인다든지, 또 아무리 동정적이고 겸손한 듯한 태도를 보여도 그 눈빛이 상대방을 무시하거나 조소하는 듯하면 그 태도는 소용없는 것이 되고 마는 것이다. 속담에서 이르는 '눈은 마음의 창이다.'라는 말 그대로이다.

전에 나는 제일의 보험 세일즈맨이라는 D 씨와 대담을 한 적이 있는데, 이야기 가운데 D 씨의 이런 말이 생각난다.

"나는 사람과 만나기 전에 먼저 거울을 본다. 그리고 내 눈빛을 살펴본다. 만약 눈빛이 욕심쟁이처럼 보이면 열심히 거울 속의 나와 싸우며 내 눈빛을 고치려고 노력한다. 그렇게 하여 눈빛이 고쳐지면, 그것은 곧 나의 마음이 고쳐진 것을 의미하기 때문에, 그때에야 비로소 안심하고 사람을 만난다."

바로 이런 점이 중요하다. 마음먹은 대로의 눈이 되면 태도는 어떤 의미에서 자연히 그것과 동반된다. 이와 같이 태도의 문제는 말하기 전과 말하는 도중의 문제로 생각해야 한다. 또 하나는 이야기를 시작할 때의 모습이 중요하다는 것이다.

대개 이야기를 나누다 보면, 상대방의 표정이 순간순간에 여러 가지로 변화한다. 처음에는 겸손하게 나오던 사람도 어느새 건방진 태도로 바뀌거나, 부드럽던 눈빛이 승냥이 눈처럼 바뀌는 일도 있다. 이러한 일들이 곧 이야기 시작의 태도, 이야기를 하는 도중의 태도가 된다.

여기에서 생각할 것은, 인간은 눈에 대한 자극이 귀에 대한 자극보다 훨씬 강하다는 점이다.

'우르릉 쾅쾅' 하는 우레 소리보다는 '번쩍' 하고 빛나는 번개에 우리는 강한 놀라움을 느낀다. 아름다운 목소리를 가진 미운 여성보다는, 다소 좋지 않은 목소리라도 얼굴이 예쁜 여성 쪽에 유혹당하기가 더 쉽다.

이렇게 생각한다면, 말은 귀에 의한 자극이고 태도는 눈에 의한 자극이기 때문에, 어느 쪽이 더 큰 비중을 차지하는가를 알 수 있다. 이것은 일상생활에서도 느낄 수가 있다.

우리는 백화점이나 식당, 또는 직장이나 가정에서도 상대방의 태도에 불쾌감이 일어나면 그 사람하고는 말할 기분이 나지 않는다는 사실을 경험하고 있다. 그러므로 태도가 그만큼 중요하다고 할 수 있을 것이다.

보조역일 뿐인 것을 주체의 힘으로 착각해서는 안 된다

독자 여러분은 여러 가지 상황에서 말의 효과가 생겼다고 할 경우, 이는 말의 힘만이 아니라 여타의 보조적인 힘들이 종합적으로 작용하는 가운데에서 실제의 효과가 났다는 것을 느낄 것이다. 그렇다면 과연 어떤 상황이 합쳐져서 효과를 내게 되었는가를 생각해 보자.

남의 집을 방문할 때에도 빈손으로 가는 것보다는 무엇이든 선물을 들고 가는 편이 더 나을 것이다. 이것이 바로 보조적인 힘이다. 그러므로 말의 힘만으로 완전한 실효를 거둘 수 있다고 생각하면 그것은 큰 잘못이다. 우리는 그렇게 되는 것을 이상으로 바라지만, 그 이상을 향하여 나갈 때에는 여러 가지 실효를 거두기 위한 보조적인 힘이라는 것을 생각하지 않으면 안 된다.

어느 날 한 남자가 '화법'의 교실에 꽃을 가지고 왔다. 그는 별다른 뜻이 없이 꽃을 꽂아 준 것뿐이었지만, 살풍경하던 교실이 상당히 부드러워졌다. 이것이 물적 보조력을 사용한 경우이다.

이제부터는 다소 의식적으로라도 그러한 물적 보조력을 사용하는 것이 좋을 것이다. 더욱 풍부한 보조력을 사용하라는 말이다. 그러나 그것은 어디까지나 보조일 뿐이지 주체는 아니다.

지금까지 일상생활에서 인간이 범한 숱한 과오를 생각해 보자. 이것은 말한다는 힘을 제외하고, 보조역일 뿐인 것을 주체의 힘으로 착각하고 거기에 주체성을 인정하여 해결을 구했기 때문에 여러 모로 불행한 일이 닥쳤는지도 모른다.

'돈'이라는 물적 힘을 주체로 하여 여자를 설득하는 사람도 많이 있지만, 설령 여자가 설득당했다고 하더라도 거기에서 오는 결과는 음험한 남녀관계뿐이다.

권력이라는 것을 주체로 해도 마찬가지이다. 권력이라는 것은 여러 가지 이유로 구성된 힘일 뿐인 것이다.

대통령의 권력은 나라에 대한 봉사의 의무와 맥락을 같이 한다. 그리고 그 의무를 수행하기 위하여 여러 가지 하지 않으면 안 될 일이 있기 때문에 어떤 권리를 주는 것이며, 그것이 여러 형태로 사용할 경우 권력이라는 형태가 되는 것이다.

이와 같은 연유로 권력이 주어진 것임에도 불구하고 그 권력을 남용하여, 말하자면 전제정치라는 엉뚱한 일이 생기고 권력주의라는 얼토당토않은 일이 생기게 되는 것이다.

다시 말해서 우리는 일상생활에서 금력이나 권력, 또는 폭력 따위를 주체로 착각하여 이런 것을 바른 의미로 사용하지 못하는 경우가 많다는 점을 유념해야 할 것이다.

인생을 **성공**으로 이끄는 **대화법**

Chapter
03

화법은
상대방에 맞추는 것이다

:

언쟁은 인간관계의 파괴이며, 의논은 인간관계의 건설이요 발전이다.

물론 의논을 위해서는 대단한 노력이 필요하다.

그러나 어떠한 노력이 요구되더라도 의논은 해야만 하는 것이다.

언쟁이 인간관계의 파괴인 이상, 언쟁은 하지 않는다는 결심이 중요하다.

1
언쟁의 경쟁은 폭력이다

의논은 밝은 직장, 밝은 가정을 만든다

우리가 훌륭한 인간관계를 맺는다는 일은 상대방도 역시 훌륭한 인간관계를 가진다는 뜻이 된다. 또 말하는 능력이라는 것은 돈을 저축하는 일과는 달라서, 노력만 하면 누구나 상당한 능력을 지닐 수 있다. 따라서 범죄를 예방한다는 뜻에서만이 아니라, 세상 전체를 밝게 하기 위해서도 우리는 더욱 이 '말하는 능력'의 향상을 위해 진지하게 생각해야 할 것이다. 그 가운데서도 중요한 것은 '의논하는 능력'이다.

"의논은 항상 하고 있지요." 하고 말하는 사람이 있을지 모르지만, 그렇게 말하는 사람도 의외로 진정한 의미에서의 의논은 하고 있지 않은 경우가 많다. 의논한다고 생각하면서도 실제로는 언쟁을 하는 사람이 많은데, 의논과 언쟁은 완전히 상반된다는 점을 알아야 한다.

웬만한 모임 같은 데서도 '항상 의논을 통하여 밝은 모임을 만듭시다.'라는 구호를 외치고 있지만 정작 '의논'이라는 것을 의외로 여유 있게 생각하고, 의논한다는 것이 사실은 얼마나 중요한 일인지를 모르고 있는 것 같다.

나는 '밝은 직장', '밝은 가정'이라는 것은 곧 언쟁이 없는 직장과 가정이라고 생각한다. 언쟁에 가득 차 있는 직장이나 가정은 어둡다. 남편과 아내가, 어버이와 자식이 항상 언쟁만을 일삼는 가정이라면 그 가정이 밝을 수는 없을 것이다. 따라서 언쟁의 결과는 어두운 인간관계를 만드는 것뿐이다.

이와는 반대로 의논은 밝은 직장, 밝은 가정을 만든다. 언제나 모든 사람이 마음에서 마음으로 자유롭게, 서슴없이 의논한다면 얼마나 좋겠는가.

"오늘은 아주 재미있는 일이 있었던 같아요, 아빠?"

"그래, 아주 기분 좋은 일이 있었지."

"아니, 여보! 무슨 일이었는데 그렇게 기분이 좋았어요?"

"응, 부장님으로부터 칭찬을 들었거든."

"저도 오늘 미술 선생님으로부터 그림에 소질이 있다고 칭찬을 들었어요."

"참, 회사에서 이러이러한 일이 있을 것 같은데 어떻게 하면 좋을까?"

"제 생각에는 이러이러하시는 것이 좋겠네요."

"글쎄, 그것도 좋은 생각이군."

이러한 분위기라면 식사하는 것이 진정 즐겁지 않겠는가. 그러나 아무리 진수성찬이 차려져 있다 하더라도 대화가 어두우면 그 가정 또한 불화로 치달을 수밖에 없다.

언쟁은 가능한 한 피해야 한다

언젠가 내가 강습회에 나갔을 때, 어느 한 사람이 다음과 같은 말을 했던 것이 기억난다.

"어느 아침식사 때였지요. 모두 식탁에 앉아서 막 식사를 시작하려는데 큰 아이가 무슨 불만이 있었는지는 모르겠지만, '다 귀찮아. 내가 알게 뭐야!' 하고 대뜸 큰 소리를 지르지 않겠습니까. 처음에는 형제간에 한두 마디 말다툼을 하는 줄 알았지요. 그런데 그게 아니었어요. 그 순간, 식탁주위는 그만 심각해지고 말았지요. 그래서 나를 포함하여 가족 전체가 식사하는 것을 그만두었지요. 평상시 같으면 나는 반찬까지 깨끗이 먹어 치우는데, 겨우 서너 숟가락 뜨고는 더 먹을 생각이 나지 않더군요. 회사에 가서도 아이가 고함을 지른 것이 머리에서 떠나지 않아 기분이 언짢았습니다. 그때에 내 머리에 떠오르는 생각이 있었습니다. 나도 지금까지 오늘 아침에 아이가 한 것 같은 행동을 수없이 많이 했었다는 사실이었습니다. 식사 중에 아이가 조금 실수해서 국그릇을 엎지르는 일이라도 있을라치면 그때마다 나는 아이에게 '이 멍청아, 어디에 정신을 팔고 있는 거야! 정신 차려!' 하면서 눈을 부라리는 것이 예사였습니다. 그럼 아이는 꾸중을 듣고는 기운 없이 젓가락을 놓고 물러가지요. 이때 아내는 나에게 '당신, 아이를 너무 그렇게 호되게 나무라지 마세요. 아이가 밥도 제대로 못 먹지 않아요.' 하고 말합니다. 그럼 나는,

'이 봐요. 그런 것도 다 당신이 제대로 가르치지 못한 까닭이야.' 하면서 이번에는 아내를 꾸짖는 겁니다. 그러고 보면, 나는 지금까지 얼마나 아내와 아이들의 식욕을 망쳤는지 모르겠어요. 그렇게 생각하니, 자책감에 사로잡혀 견딜 수가 없었습니다."

정말로 공감이 가는 이야기였다. 나도 그 이야기를 듣고 나서 실로 괴로운 심정이었다. 나도 이전에 그런 일이 많았기 때문이다. 여러분도 혹시 자신도 모르는 사이에 자신의 생활이나 사랑하는 사람들의 생활을 엉망으로 만든 일은 없었는지 곰곰이 돌이켜 보기 바란다.

이러한 일들은 모두가 언쟁의 결과이다. 언쟁이란 곧 자기의 주장을 내세우는 것이다. 상대방은 상대방대로 자기의 주장을 이쪽에다 내밀려고 한다. 한마디로 언쟁이란 서로의 주장을 굽히지 않고 내밀기만 하는 것이다. 바꾸어 말하면 언쟁은 명령정신의 변형과 다름이 없다. 명령은 곧 상대방에게 복종을 강요하는 것이다. 즉 언쟁이란 상대방으로 하여금 복종을 하도록 강요하는 성질의 것이다.

언쟁은 낡은 자취의 모습이다. 또 슬픈 인간의 모습이다. 그렇다면 언쟁의 결론은 무엇인가? 결론은 폭력이다. 언쟁이란 서로의 주장을 내세우는 것인 만큼, 자기의 뜻대로 안 되면 폭력에 호소하게 된다. 그렇지 않으면 권력에 의한 탄압이라는 형태로 나타난다.

가정에서도 아내와의 다툼에서, "그래? 싫으면 그만둬. 그 대신 나는 월급을 집에 가져오지 않을 테니까 알아서 해."라거나 또는 "나가 버려! 꼴도 보기 싫으니까." 하는 식으로 압력을 가하는 일이 많다. 그 결과 생기는 것은 무엇일까? 그것은 반항이다. 복종이라는 것은 항상 반항의 소지를 가지고 있다. 부인에게도 "당신은 무조건 내가 시키는 대로만 하면 되는 거야." 하는 식이라면 "그래요, 당신은 명령만 내리면 그만이니까. 그러나 일이 잘못돼도 난 몰라요." 하면서 반항적 태도로 나올 것이다.

회사에서도 마찬가지이다.

"쓸데없는 이야기는 하지 말고, 내가 시키는 대로 해."라고 부하 직원에게 말하면 "예, 하지요." 하고 대답하지만, 그러나 거기에는 '뒷일은 모른다.'라는 태도가 숨어 있는 것이다. 사람을 내리 누르고 자기의 생각대로 시키려고 해도 상대방이 진심으로 따라 주지 않으면 소용이 없다.

이와 같이 언쟁의 결론은 폭력이나 탄압, 또는 반항이라는 형태가 되어 나타나기 때문에 인간관계는 어두울 수밖에 없다. 따라서 언쟁은 가능한 한 피해야 하며, 의논에 의하여 매사를 처리하는 마음가짐이 중요하다.

의논은 자신의 지식에 플러스를 더하는 노력이다

그럼 대체 '의논'이라는 것은 어떤 노력으로 이루어지며, 어떤 조건이 있는 것일까.

의논이라는 것은 먼저 무엇보다도 상대방이 하고자 하는 말을 이해하려고 하는 노력이 없어서는 안 된다. 다시 말하면 자기의 A라는 지식에 플러스를 더하는 노력이다.

의논을 한다고 하면서 자기 혼자만 말하는 사람이 많다. 그러나 먼저 상대방의 말을 충분히 듣는 노력을 하지 않는 사람은 의논할 수 없는 사람이다. 그 까닭은 상대방의 말을 듣지 않고는 상대방이 무엇을 생각하고 있는지 알 수 없을 뿐더러, 상대방에게 일방적으로 말하는 것은 지나친 자만심의 발로로밖에 볼 수 없기 때문이다.

자신이 말하는 것이 절대라고 생각하는 것만큼 인간으로서 한심한 꼴이 없다. 이 세상에 절대라는 것은 있을 수가 없다. 어느 누구이든 간에 그 사람의 이야기에도 진리는 있는 것이며, 그 나름대로의 진실을 가지고 있는 것이다. 그것을 부정할 권리는 아무에게도 없다.

그러므로 인간은 누구의 이야기든지 듣지 않아서는 안 된다. 누구든 존경하지 않아서는 안 된다. 많은 사람의 이야기를 듣고 그것을 종합하여 새로운 것으로 발전시켜 나가는 것이 곧 '인간 완성의 길'이다.

"아버지가 가장 훌륭한 분이야. 그러니 아버지의 말씀을 잘 들어야 해."

이렇게 말하는 사람이 많다. 그러나 그것만이라면 너무 비참하다. 그렇다고 그것이 결코 나쁘다는 것은 아니다. 다만 자기의 적은 지혜와 보잘것없는 모습, 그것만으로 다 됐다고 생각한다면 비참하다는 것이다.

나는 여러 곳에서 강연을 하는데, 대개 강연 시간이 2시간씩이다. 듣는 사람들로 하여금 어떤 것을 깨우치게 하기 위하여 2시간 가까이 이야기하지 않으면 안 된다는 것이 나는 기분이 좋지 않다. 2시간이 아니라 1시간으로 깨우치게 할 능력이 필요하다고 생각되는 것이다. 나에게는 더 훌륭하게 말할 수 있는 능력이 잠재하고 있을 테니까 말이다.

그런데 그 정도를 가지고 나의 '말하는 방법'이 당대 제일이라고 생각한다면 나에게는 마지막이다. 그렇게까지 내가 비참할 수는 없을 것이다. 어찌 내가 최고라고 생각할 수 있겠는가.

나에게는 더욱 훌륭하게 말할 수 있는 능력이 있을 테지만, 다만 지금으로써는 그 단계에 이르지 못했을 뿐이다. 따라서 이야기를 더 듣거나 많은 책을 읽어 능력을 길러야 한다.

그러나 절대주의자들에게는 그러한 지혜를 모으려는 노력이 없다. 상대방은 어떤 점이든 내가 모르는 것을 알고 있는 것이 있다. 따라서 먼저 무엇보다 상대방의 이야기를 듣고 자기에게 보탬이 되도록 하는 노력이 필요하다.

다른 사람의 이야기를 듣지 않는 사람, 그 사람은 발전할 수 없는 사람이다. 우리는 더욱더 지식에 욕심을 부려야 한다.

질문은 부드럽게 이끌어 내야 한다

전에 나는 L 씨와 만나서 여러 가지 이야기를 나눈 적이 있었다. 그때, L 씨의 이야기 가운데 이런 것이 있었다.

"선생님, 다른 사람의 이야기를 들을 수 없는 사람은 자기의 이야기를 듣게 할 수 없는 사람이 아닐까요?"

그야말로 멋있는 말이다. 다른 사람의 이야기를 들으면 상대방에게 자신이 이야기할 재료를 얻게 된다.

'이 사람은 이런 일을 좋아하는군.'

'이 사람은 이런 성질이군.'

'이 사람은 이런 사고방식을 가졌군.'

바로 거기에서 '그렇다면 이 일에 대해서는 이와 같이 말해야 되겠군.' 하는 것이 파악된다.

상대방의 이야기는 듣지 않고 자기만 말하는 것은, 술을 싫어하는 사람에게 술을 무리하게 권하는 것과 같다. 그렇기 때문에 항상 남의 이야기를 먼저 들어야 하고, 계속해서 들어야 한다. 듣는다는 것이 우리가 가장 먼저 해야 할 노력이다.

말이라고 하면, 목구멍에서 소리를 내는 데서부터 시작되는 것으로 생각하기 쉽지만 실은 그 이전에 듣는다는 일을 해야만 한다. 듣는다는 일은 상대방에게 자기의 이야기를 듣도록 하는 매우 중요한 일이다. 그러므로 의논하는 노력의 첫째는 상대방의 이야기를 듣는 데에 있다.

그런데 상대방의 이야기를 듣는다고 할 때, 상대방이 계속 말을 하면 좋겠지만 그렇지 않은 사람인 경우에는 어떻게 해야 할 것인가. 그렇다고 상대방에게 강제로 말하게 할 수도 없는 노릇이다. 바로 여기에서 '말이 많은 사람에게는 귀로 들어라. 말이 많지 않은 사람에게는 입으로 들어라.'라는 것이 중요한 요점이 된다.

귀로 들으라고 해서 그냥 멍청하니 듣고만 있으라는 것도 아니고, 듣는 체하고 있으라는 말은 더더욱 아니다. 상대방의 이야기를 듣기 위해서는, 상대방이 무엇을 말하고 있는가를 정리해서 들어야 한다. 열심히 머릿속으로 정리한다는 노력이 없이는 사람의 이야기를 들을 수 없다.

다음에는 입으로 들으라는 것은 곧 질문을 하라는 것이다. 질문은 심문이나 힐문과는 성격이 다르다. 의논할 때에 상대방이 대답할 수 없는 것을 묻는 사람이 있는데, 이와 같이 대답할 수 없는 것, 대답하기 싫은 것을 묻는 것이 심문이요 힐문이다.

질문이란 상대방이 대답하기 쉬운 것, 상대방이 말하고자 하는 것을 부드럽게 끌어내는 것이다. 상대방이 대답하기 어려운 것을 억지로 따지고 들면 상대방은 딱딱하게 굳어지게 마련이고, 거기에서 의논의 기회는 깨어지고 마는 것이다.

겨울에 얼어붙은 우물의 물을 쓰고자 할 때에는 먼저 뜨거운 물을 붓고 녹여야 한다. 그 다음에 물을 긷는다면 물은 쉽게 나올 것이다. 말하지 않는 사람에게는 그와 같이 말할 수 있도록 유도하여, 자기에게 보탬이 되도록 하는 노력이 필요하다.

비극은 서로가 불신하는 데에 그 원인이 있다

의논에 있어서 다음으로 중요한 것은 '알게 한다.'는 일이다.

곧 상대방에게 어떤 지식을 더해 주는 일이다. 알게 하기 위해서는 설명이라는 활동이 중요하다.

"이만큼이나 말했는데도 아직 모르겠어?" 하고 말하는 사람이 있다. 하지만 알 수 있도록 말하지 않으면 모르는 것은 당연하다. 알게 한다는 것은 그렇게 간단한 일이 아니다.

알게 하는 일이 쉬운 것이라면 인간사회는 좀 더 행복했을 것이다. 우리가 항상 쓸쓸한 생각을 하지 않으면 안 되는 것은, 곧 알게 하지 못하는 까닭이다. 인간이 서로 이해하고 신뢰할 수만 있다면, 우리 사회는 좀 더 행복해질 수 있을 것이다.

인간의 번민이나 괴로움은 서로 믿지 못하는 데서 비롯된다.

애인끼리의 번민이라는 것도 '이 사람은 나를 사랑한다고는 하지만 정말인지 모르겠어. 헤어질 때 저 사람은 한 번도 뒤돌아보지 않는 걸 보면 이상하단 말이야.' 하는 식의 조그만 의심도 생기는 것이다.

예로부터 인간의 비극은 서로가 불신하는 데에 그 원인이 있는 것이다. 불신한다는 것은, 즉 알게 하지 못하기 때문에 생기는 것이다. 우리에게는 아직도 이해시킬 능력도 이해할 능력도 부족하다. 이 점을 우리는 유념해야 할 것이다.

그렇다면 우리는 왜 남이 하는 말을 정확히 알지 못하며, 또 남에게 정확히 전달시키지 못하는가?

그 가장 주된 이유는, 우리가 남이 하는 이야기를 솔직하게 듣지 않는다는 것이다. 다시 말하면 우리는 언제나 상대방의 말을 제 나름대로 해석하여 듣고 만다는 것이다.

인간은 모두 자기의 색안경을 통해서 남의 이야기를 듣는다. 또 이야기할 때의 태도가 좋지 못하면, 상대방으로 하여금 없던 색안경도 쓰게 하는 결과가 된다. 예를 들어 좀 무시하는 듯한 태도를 취하게 되면, 상대방은 속으로 '자식, 꽤 우쭐해하는군.' 하고 생각할 것이다. 일단 그렇게 생각하면 그 다음부터의 이야기는 모두 삐딱하게 들리게 된다.

여러분 중에는 그런 경험이 있는 사람이 있을 것이다. 예를 들어 동료에게서 상사가 부른다는 말을 듣게 되면 즉시 속으로 '아, 그 일이로구나!' 하고 생각하게 된다. 그래서 상사 앞에 나가자마자 "정말 죄송합니다. 사실은……." 하고 묻기도 전에 자기의 잘못을 시인하는 것이다.

"뭐? 자네, 그런 일을 저질렀나?"

'아차, 큰일 났구나. 부장은 아직 모르고 있는데…….' 하고 생각해도 이미 때는 늦은 것이다.

이것은 지도를 보고 마치 그 지도가 실물이라고 생각하는 것과 유사하다. 지도를 보면서 강가를 거닐던 사람이 "이상하군. 이런 강은 지도에 없는데……."라고 중얼거리다가 그만 강에 빠졌다는, 웃지 못할 실수를 저지르는 것이다.

말하자면 인간은 편견이나 미신 따위에 의하여 사물을 보아 왔다. 자기 나름대로 정한 모습에 비추어서 사물을 보는 것이다.

이솝 이야기 중에서 '늑대와 소년'이라는 것이 있다.

이 이야기는 거짓말을 해서는 안 된다는 교훈적인 이야기로 초등학교 교과서에 나오는 것이지만, 이것은 '화법'에서도 커다란 문제를 제시해 주고 있다. 그 소년이 거짓말쟁이로 간주되었기 때문에 실제로 늑대가 나타난 때에도 마을 사람들은 소년의 말을 믿지 않았던 것이다.

어쨌든 상대방에게 좋지 않은 선입관을 준다는 것은 대단히 무서운 일이라는 점을 명심해야 한다.

하나의 사물은 하나의 언어로써만 표현되지 않는다

언어는 정말 믿을 수 없는 것이다. 하나의 언어에는 실로 다양한 의미가 있는데, 경우에 따라서는 전혀 반대의 의미까지도 포함한다.

여성들이 흔히 사용하는 '아니.'라는 낱말의 경우를 보자. 이 낱말은 '그렇지 않다.'는 의미만은 아니다. 예를 들어 어느 여성에게 "아가씨는 참 예쁘네요."라는 말을 했을 때 "아니에요."라고 말했다면, 이는 부정적인 의미가 아니라 오히려 기쁘다는 의미이거나 더 말해 주었으면 하는 기분까지 들어 있는 말일 수도 있다.

그러므로 하나의 사물은 하나의 언어로써만 표현되지 않는다는 결론에 도달하게 된다. 그렇기 때문에 우리는 언어라는 도구를 사용하여 상대방으로 하여금 무엇인가를 알게 한다.

그런데 그 도구라는 것이 대단히 신빙성이 없다. 그렇게 간단히 남으로 하여금 알게 할 수 없다는 데에 문제가 있는 것이다. 이 점을 우리는 항상 염두에 두어야 한다.

'의논'이란 이상의 노력을 진실하게 실행하는 것이다. 어떤 경우에는 실로 엄청난 노력이 필요하기도 하다. 아는 노력, 알게 하는 노력, 바로 이러한 노력만 한다면 의논은 훌륭한 결과를 낳게 될 것이다.

그런데 '의논'이라고 해서 그 방법이나 조건을 분별하지 않고 무조건 '그래, 좋겠지.'라는 식이라면 여기에도 문제가 있다.

일반적으로 '그래, 좋겠지.'라는 표현만으로 서로 친숙해지는 것처럼 쉽게 생각하는 경향이 많이 있다. 그러나 의논이란 그렇게 입으로만 해결될 수 있는 간단한 것이 아니다. 어떤 경우에는 서로가 온통 피투성이가 될 정도로 싸우는 모습 가운데서 비로소 의논의 성과가 더욱 고조되기도 하는 것이다.

상대방에게 무엇을 알린다는 일 하나만 보더라도 이는 대단한 노력과 끈기가 필요하다. 마찬가지로 상대방의 생각을 안다는 것에도 역시 열중하는 노력이 필요하다. 그러므로 서로의 지혜를 최후까지 짜내는 데서 의논은 훌륭한 결과를 낳게 된다.

의논은 제3의 의견도 만들어낼 수 있다

이제 의논에 의하여 어떤 훌륭한 결과를 얻을 수 있는가에 관해 생각해 보자. 이것은 크게 세 가지로 나눌 수 있다. 그 첫 번째 성과는, 의논에 참가한 동료들 간에 상호 이해도가 깊어진다는 것이다.

흔히 "몇 번씩이나 의논을 해도 마찬가지일 뿐이야."라고 말하는 사람이 있다. 그런 말을 하는 사람들은 실제로는 의논을 할 계획만 세워 놓았을 뿐, 언쟁을 하거나 쓸데없는 이야기만 지껄이는 것임이 분명하다. 이는 알려고 하거나 알게 하는 서로의 노력이 없다면 거기에 새로운 이해가 생기지 않는다는 당연한 이치를 모르는 처사이다.

"그런가? 듣고 보니 과연 그렇군. 나는 거기까지는 미처 생각지 못했는데, 그렇게 하면 이런 일도 생각할 수 있겠군."

이와 같이 상대방에게 찬성하느냐 아니냐 하는 것은 별개의 문제이지만, 의논이란 하면 할수록 이해도는 깊어 간다.

따라서 그냥 알고 지내던 사이에서 친구 사이로 관계가 깊어지는 것은, 상호간에 몇 번이고 의논이 교환되었던 까닭이다.

두 번째로는, 새로운 사실을 깨닫게 된다는 일이다. 사람이란 많은 것을 알면 알수록 지금까지 생각지 못했던 새로운 사실에 눈을 뜨게 된다. 어린아이가 아무렇지도 않게 불쑥 하는 말에서도 우리는 새로운 사실을 깨닫게 되는 경우가 종종 있는 것과 같은 이치이다.

세 번째로는, 더 훌륭한 '제3의 의견'을 창조하는 일이다.

'제3의 의견'이란 의논을 하기 전에는 멤버 중 아무도 갖고 있지 않았던 더 높은 단계의 의견을 말한다. 새로운 아이디어도 이와 같은 곳에서 생기는 것이다.

예를 들어 내가 K 씨와 의논을 한다고 해 보자. K 씨는 수소라는 의견을 갖고 있고, 나는 산소라는 의견을 갖고 있었다고 하자. 그럼 서로 의논하는 데 따라 "아, 그렇군! 산소라는 의견에 수소라는 의견을 합치면 물이 되는군." 하는 결론을 얻을 수도 있을 것이다.

따라서 자기 혼자만의 생각으로 걱정하는 것보다는 여러 사람과 의논하는 것이 중요하다.

이러한 점에서 볼 때, 의논을 할 수 있는 친구를 많이 가진 사람은 행복하다고 할 수 있을 것이다. 얼마든지 훌륭한 '제3의 의견'을 만들어 낼 수 있을 테니 말이다.

어떤 사람이든 상담해 보자. 왜 이런 좋은 일을 하지 않으려 하는가. 의논이야말로 자기의 인생을 무한히 발전하게 해주는 것이다. 의논을 싫어한다는 것은, 그 사람이 의논에 대한 참 가치를 모르는 까닭일 것이다.

쿠바 봉쇄 때의 케네디 대통령과 구소련의 흐루시초프 수상 사이에 있었던 의논을 상기해 보자. 만일 그 때에 두 사람 사이에 의논이 없었더라면 우리는 원자폭탄 세례를 받았을지도 모른다.

케네디 대통령이 말했다.

"미소 양군의 기지에는 이미 전투명령이 하달됐다. 만일 미소가 원폭전쟁을 시작하면 쿠바 국민의 95퍼센트는 죽는다. 또 미소 양국은 최소한 2천만 명 이상의 인명피해가 있을 것이다."

흐루시초프 수상도 동감이었다.

"2천만 명의 생명을 헛되이 죽이고 설령 소련이 이겼다고 해서 인류의 역사 가운데 무슨 명예가 있을 것인가. 이 전쟁은 막아야 한다."

그렇다. 한 사람의 생명이라도 헛되이 죽인 마당에, 설령 자기의 주장이 관철되었다고 해도 명예스러울 것은 조금도 없다. 케네디와 흐루시초프는 필사적인 몸부림으로 의논을 했다. 그러한 노력이 세계를 원자폭탄으로부터 구원한 것이다.

이 한 가지만 미루어 보아도, 일생을 살아나가는 동안에 의논이 얼마나 위대한 힘을 가지는 것인가를 알 수 있을 것이다.

언쟁은 인간관계의 파괴이며, 의논은 인간관계의 건설이요 발전이다. 물론 의논을 위해서는 대단한 노력이 필요하다. 그러나 어떠한 노력이 요구되더라도 의논은 해야만 하는 것이다. 언쟁이 인간관계의 파괴인 이상, 언쟁은 하지 않는다는 결심이 중요하다.

상대방에게 자기의 주장을 강요하는 행위는 자기의 설득력이 부족하다는 것을 의미한다. 즉 말의 힘이 부족하다는 것이다. 이는 실로 참담한 모습이 아닐 수 없다.

우리에게 진정한 의미에서의 의논이 가능하게 된다면, 전쟁의 비극은 인류에게서 사라질 것이다. 그리고 거기에 비로소 에덴의 동산이 구체적인 모습으로 나타날 것이다.

그렇게 되기까지에는 물론 부단한 노력이 필요하다. 그러나 그것은 결코 한낱 몽상만은 아니다. 우리들 한 사람 한 사람이 의논하는 능력을 차차 높여 간다면 더욱 인간적인 사회가 이루어질 것이며, 그러는 가운데 에덴의 동산도 현실로 나타날 수 있을 것이다. 따라서 우리는 다 같이 그러한 노력을 아끼지 말아야 한다.

2
대화에는 반드시 상대방이 있다

듣는 사람을 분석하고 고려해서 얘기해야 한다

이제 근본적인 문제로 돌아가서 대화한다는 것이 대체 무엇인가를 생각해 보기로 하자.

대화는 말하는 사람과 듣는 사람에 의하여 성립된다. 이렇게 말하면 대개의 경우, '그건 그렇겠지. 듣는 사람이 없는 상태에서 이야기하는 바보는 없을 테니까.'라고 할 것이다.

그러나 그렇게 쉬운 일이 실제로는 잘 이해되지 않고 있다. 이야기를 할 때에, 상대방이 듣고 있는지 아닌지를 고려해 가며 이야기하는 경우가 과연 얼마나 되겠는가. 사람이 앞에 있다고 해서 그가 곧 듣는 사람이라고는 단정하지 못한다.

듣는 사람이란 귀를 기울이는 사람을 말하는 것이지, 이쪽의 이야기를 조금도 들을 의사가 없이 다른 것을 생각하고 있는 사람이라면, 눈앞에 있다 하더라도 그는 듣는 사람이 아니다. 따라서 그런 사람에게 이야기하고 있는 것은 발성연습을 하고 있는 것과 마찬가지이다. 그러한 경우에는 대화의 성립은 절대 불가능하다.

그리고 '말한다.'와 '대화한다.'는 것이 보편적으로 혼동되어 해석되고 있다는 점에 주의할 필요가 있다.

우리는 상대방이 비록 듣는 사람이 아닐지라도 말을 할 수는 있다. 그런 경우라면, 대화를 하는 것이 아니라 단지 말을 하는 것일 뿐이다. 어디까지나 듣고 싶어서 귀를 기울이는 상대방이 있음으로

써 대화가 성립되는 것이지, 사람이 있다고 해서 무조건 대화가 되는 것은 아니다. 이러한 점을 많은 사람들이 잘못 생각하고 있다는 데에 문제가 있다.

언젠가 프랑스의 어학자 한 분을 만난 적이 있었다. 그때 그분은 내게 이렇게 말했다.

"에키 씨, 선생이 하고 계신 '화법'에 대한 연구는 참으로 훌륭한 사업입니다. 대개의 사람들은, 특히 교수님들은 학생들이 자기의 강의를 즐겨 듣고 있다고 착각하지요. 그러나 실제로 학생들은 학점을 따지 않으면 안 되는 까닭에 할 수 없이 듣는 경우가 많지요. 말하자면 억지로 귀에 집어넣는 식이지요. 그걸 모르는 교수님들은 학생들에게 듣게 하려는 노력을 눈곱만큼도 하지 않지요. 참으로 애석한 일입니다."

그렇다. 그분은 내게 대화의 본질을 말한 것이다. 우리는 이 이야기를 음미할 필요가 있다.

다시 말하지만 듣는 사람을 무시하고 혼자만 떠들어서는 아무 소용이 없다. 대화란 듣는 사람을 중심으로 생각하지 않으면 안 된다. 그렇지 않으면 대화는 원만히 이루어지지 않는다.

곧 대화는 '말하는 사람'과 '듣는 사람'이 동시에 있어야만 성립된다. 그러므로 대화를 할 때에는 상대방으로 하여금 듣도록 만들고, 나아가서는 그 듣는 상태를 계속 연장시키는 노력이 중요하다.

그러한 노력이 없다면 아무리 이야기를 하여도 그것은 '대화하는 사람'이라기보다 '말하는 사람'일 수밖에 없으며, 결국에 가서는 대화가 성립되지 못하게 되고 만다.

이렇게 생각해 보면 대화를 한다는 일이란 단지 입을 움직여 소리를 내는 단순한 운동이 아니라는 사실을 알게 될 것이다. 항상 상대방으로 하여금 먼저 듣도록 하는 노력이 앞서야 하며, 그러한 노력이 없이 아무리 말을 계속해도 그것이 대화로 성립되는 것은 아니다.

선거 때가 되면 가두연설을 하는 사람이 많다. 그런데 그들 가운데는 흔히 '사람들이 모이기만 하면 나는 거기서 떠들기만 하면 된다.'고 생각하는 사람이 많은 것 같다. 그러나 사람들이 집합한 것은 어디까지나 군중일 따름이지 결코 청중이라고 할 수는 없다. 그렇다면 먼저 그 군중을 청중으로 변화시키는 일, 즉 연설자의 이야기에 귀를 기울이도록 만드는 일이 가장 중요하다.

그리고 이야기를 하는 중에도 상대방이 자신의 이야기를 듣고 있는지, 또 얼마만큼 관심을 나타내고 있는지에 주의를 게을리하지 말아야 할 것이다.

결론적으로 말하면 '화법'을 공부하는 첫 단계는 상대방을 '듣는 사람'으로 만드는 노력이며, 다음으로 '듣는 사람'의 상태를 지속시키는 노력이다.

말하는 사람의 입장에서 대화라는 것을 생각해 보자. 그때에는 언제나 듣는 사람이 어떠한 상태인가 하는 것이 중점이 된다.

그릇에 물을 담을 경우를 생각해 보자. 그 그릇의 모양이나 용량에 따라 어떻게 넣느냐, 얼마나 들어가느냐가 정해질 것이다. 입이 좁은 병에다 깔때기를 사용하지 않고 물을 마구 붓는다면 어떻게 되겠는가. 물의 대부분은 흘러버리고, 들어가는 것은 겨우 한두 방울 정도일 것이다.

대화도 마찬가지이다. 우리는 어떻게 해야 상대방에게 이쪽 견해를 보다 많이 주입시킬 수 있을까. 이것이 이야기하는 사람에게 있어서 가장 중요한 과제이다.

그것의 모양이나 용량을 고려하지 않고서는 아무리 물을 부어도 소용이 없는 것처럼, 이야기도 먼저 상대방으로 하여금 들을 수 있는 자세를 갖추도록 하는 일이 중요하다.

우리가 어떤 강연회나 연설회 등에서 하는 말이나, 연회석상에서의 테이블 스피치, 또는 조례 때의 이야기 대부분은 상대방에게 전혀 먹혀 들어가지 않고 있는 것은 아닐까? 그럴 경우, 가장 먼저 눈에 띄는 광경은 조는 사람, 하품을 하는 사람, 또는 귀찮은 듯한 얼굴로 듣고 있는 사람들일 것이다.

이러한 것은 모두가 주입시키는 방법을 전혀 고려하지 않은 탓으로, 이는 쓸데없이 목청만 돋우는 격이 되고 만다. 우리는 그러한 것을 '발성연습'이라고 부른다. 바꾸어 말하면, 하나의 소음으로 들리는 것에 불과하다는 말이다.

지금까지 되풀이했지만 한마디로 말해서 이야기를 할 때의 가장 중요한 요건은 듣는 사람을 분석하고 고려해서 이야기해야 한다는 것이다.

듣는 상대방을 정확하게 분석해야 한다

어느 날, 나에게 신문사 직원 한 사람이 찾아왔다. 처음에 나는 무슨 기사를 취재하러 온 줄로 여기고 정색을 하며 여러 가지 이야기를 하였다. 그런데 그 사람은 내 이야기를 깊이 듣고 있는 것 같지 않았다. 겉으로는 내 이야기에 동감이라는 듯이 '네, 네.' 하고 대답은 하고 있었지만 진정으로 듣는 것 같지가 않았다.

그래서 나는 '아아, 이 이야기는 이 사람이 듣고자 하는 이야기가 아니로구나. 이 사람은 나에게 무언가 다른 용건이 있어서 왔군.' 하고 생각하고 중도에 얘기를 중단해 버렸다. 그런데 내가 얘기를 중단하니까 그 사람은 갑자기 정색을 하며 다가앉았다. 그래서 나는 물었다.

"내가 괜히 여러 가지 이야기를 한 것 같은데, 대체 찾아온 용건이 무엇이오?"

생각해 보면 대단히 바보 같은 짓이었다. 이것을 처음에 물었어야 했던 것이다.

그때야 비로소 상대방은 자기의 용건을 꺼냈다. 그 사람은 신문사의 기자가 아니라 광고 세일즈맨이었다. 그는 신문 광고 건으로 나를 찾아왔던 것이다.

이번에는 반대로 내가 조금 전의 그 사람과 같은 기분이 되었다. 나는 광고의 필요를 조금도 느끼지 못하고 있는 처지였으므로 그런 말은 듣고 싶지 않은 이야기였다. 그 사람이 아무리 장황하게 말을 늘어놓아도 내 귀에는 들리지가 않았다.

결국 서로의 이야기는 빗나가 버리고, 그 세일즈맨은 그냥 돌아가지 않을 수 없었다.

이 경우에 있어서 우리는 다음과 같이 생각할 수가 있을 것이다. 즉 처음에는 나의 상대방에 대한 분석의 실수, 다시 말하면 신문사 직원이라니까 무조건 기사를 취재하러 온 것으로 착각해 버린 실수가 그것이다.

다음으로는 그 사람이 나에게 어떤 형태로든 그 신문에 광고를 내는 데 대한 흥미를 불러일으킬 노력을 하지 않았다는 것이다. 그리고 그 세일즈맨은 처음부터 내가 자기의 신분을 제대로 알고 있는 것으로 착각했다는 사실이다. 그 사람은 처음부터 자기는 신문 기자가 아니라 신문사의 광고 세일즈맨이라고 분명히 밝혔어야 했다는 말이다.

우리의 일상생활에서는 이러한 일이 무수히 많다. 그래서 '저 녀석은 아주 나쁜 놈이야.'라고 상대방을 욕하기도 하고, '저 녀석하고는 도무지 말이 통하지 않는단 말이야.' 하고 상대방을 나무라기도 한다.

이러한 일들은 어떤 때에는 비극이 되기도 하는데, 어떻든 인간은 자신이 마음먹은 바대로 다른 사람과 부딪치려고 하는 경우가 많다. 그러나 인간에게 있어서 자신과 타인은 어디까지나 하나가 될 수 없다는 데 문제가 있다.

자신이 좋다고 생각한다고 해서 남까지도 그것을 좋다고 생각하지만은 않는다. 남은 나쁘다고 생각할 수도 있는 것이다. 같은 물건을 놓고서도 붉은색 안경을 쓴 사람과 푸른색 안경을 쓴 사람과 서로 보는 각도가 다른 것이다. 각자가 서로 안경을 벗지 않고서는 결코 의견의 일치를 볼 수 없다.

'듣는 사람'에 대한 분석이라는 것도 쉽게 말하면, 상대방이 어떤 색의 안경을 쓰고 있는가를 찾아내는 일이다.

대화를 한다는 일에는 대개 언어만이 꼭 중심이 된다고 생각하지만 실제로는 그렇지 않다. 대화에는 듣는 상대방에 대한 분석과, 그 언어를 표현하는 까닭과, 또는 자기의 태도에 관한 문제 등이 복합적으로 작용한다. 이러한 것을 무시한다면 그것은 이야기로써 무엇을 정확히 전달한다는 기능을 마비시키는 결과가 된다.

그러나 세상에는 이러한 주장에 수긍을 하면서도 듣는 상대방을 분석한다느니 하는 따위의 일을 귀찮게 여기고 '에이, 다 귀찮아. 결과야 어떻든 생각한 대로 말해 버리면 그만이지, 그렇게까지 복잡하게 생각할 건 없어.' 하는 식으로 간단히 처리해 버리는 사람도 많을 것이다. 그러나 잘 생각해 보면, 그렇게 해서는 언제까지라도 자기의 생각을 상대방에게 전달시킬 수 없다는 사실을 알게 될 것이다.

손자병법에 '적을 모르고 싸우면 백전백패요, 자기를 알고 적도 알면 백전백승이다.'라고 하였다.

이야기를 할 때에 자기의 감정을 누르지 못하고 거침없이 말해 버리는 것은 곧 자신이 혼란되어 있다는 것이고, 이는 자기를 모르고 이야기하는 셈이다. 또 듣는 상대방을 분석하지 않고 말하는 것은, 적의 상황을 정탐하지도 않고 무작정 공격하는 것과 같아서 이러한 이야기는 엉망진창이 되고 마는 것이다.

그러므로 우리는 이야기를 할 때에 자신이 말하고자 하는 것을 자기 나름대로 냉정하게 분석할 것은 물론, 듣는 상대방을 정확하게 분석해야 한다는 점을 꼭 염두에 두어야 할 것이다.

3
결정권은 듣는 사람에게 있다

:

침묵은 금이 아니다

말하는 사람에게는 언제나 발언권이 있다. 곧 자신이 하고자 하는 말은 자유로이 할 수 있는 권리가 있다는 말이다. 상대방을 칭찬하거나 아니면 바보 멍청이라고 흉을 보거나 간에 그것은 말하는 사람의 권리이다. 이것이 어쩌면 '언론의 자유'라는 것이 아닐까?

그런데 왜 우리는 자기의 발언권을 행사하지 않는가? 왜 할 말도 제대로 못 하고 꾹 참고 있는가? 이러한 점에 대하여 좀 더 깊이 생각해 보면 그 원인은 실로 엉뚱한 곳에 있다.

예를 들어 어떤 사람에게 "○○에 대하여 한 말씀 해 주십시오." 라고 하면 "아니, 나는 도무지 말주변이 없어서." 하는 식으로 말을 못 하고 우물쭈물하는 경우가 많다. 그런데 그 원인을 분석해보면 우리는 분명히 다음과 같은 사실을 발견할 수가 있다.

먼저 오랫동안 언론이 억압되어 있었다는 점이다. 우리의 격언에 '말하라.', '이야기하라.'는 뜻이 담긴 말은 하나도 없는 것 같고, 또 여러 가지 문헌을 찾아보아도 눈에 띄지 않는다. 오히려 '말하는 입술은 찬 가을바람'이라거나 '꿩도 울지 않으면 맞지 않는다.' 따위의 구절만 있다. 이와 같이 말한다는 것의 결과가 얼마나 참담한가 하는 쪽으로만 표현이 되고 있을 뿐으로, 결국 '입은 모든 재앙의 근본'이라고 해서 '침묵은 금'이라는 격언이 있는 것이다.

이 '침묵은 금'이라는 격언은 서양에서 들어온 것이지만, 우리나라에서도 이 격언을 대단히 중시하여 "함부로 지껄이지 마라. 그것은 여자처럼 경망한 사람들이나 할 일이다."라는 말까지 있다.

그런 이유로 해서 예로부터 남자는 과묵을 덕으로 여겨 왔다. 그럼 이러한 현상은 왜 있는 것일까?

문제를 좀 넓히자는 것은 아니지만, 남녀의 동등권이 인정받기까지 여성은 사회적 존재로서의 그 가치를 전혀 인정받지 못해 왔다.

심지어는 '여자와 어린아이는 다루기가 어렵다.'고 하여, 여자의 말에 귀를 기울이는 것은 대단히 변변치 못한 사람이 하는 짓이라고 여기며 여성의 발언은 전혀 문제 삼지 않았다.

이러한 상황이었던 관계로 남자들은 이야기하는 것을 크게 경계하지 않으면 안 되었다. 그러므로 과묵이 곧 남자의 덕이었다.

언론 탄압의 시대에는 남자의 과묵은 훌륭한 처세술로 가치가 있었다. 이처럼 과묵이 훌륭한 자세라고 칭찬받아 온 것을 보면, 과연 사회 전체에 언론의 자유가 얼마나 억압되었었나 하는 것을 여실히 알 수 있다. 그러한 분위기 속에서 만약에 자기의 발언권을 조금이라도 자유롭게 행사한다면, 즉시 신상의 위협마저 느끼지 않을 수 없었을 것이다.

그러므로 하고 싶은 말을 참고 아무것도 말하지 않는 상태가 계속되었다. 말의 가치를 조금도 인식하지 못한 데에는 이러한 점에 문제가 있었다고 생각할 수도 있다.

그러나 지금 우리는 언론의 자유 시대에 살고 있다. 그렇다면 우리는 스스로의 발언권을 충분히 살리지 않으면 안 된다. 따라서 '화법'에 대한 연구가 중요하게 되는 것이다.

아무리 떠들어도 상대방이 듣지 않으면 소용이 없다. 그렇기 때문에 우리는 더욱 말하는 사람이 갖는 최고의 권리인 발언권을 강력하게 지켜야만 할 것이다.

그렇다고 해서 '나는 지금까지 하고 싶은 말도 꾹 참고 말하지 않았으니까, 이제부터는 생각한 대로 말하고 싶은 것을 마음대로 하자.'라는 생각을 한다면 이는 큰 오산이다.

민법의 규정 중에는 '권리의 남용'이라는 것이 있다. 요즈음 가만히 보면 자기의 권리만을 주장하고, 그것이 전체에게 어떤 영향을 미치는가에 대해서는 전혀 생각하지 않는 사람이 많은 것 같다.

이를테면, 버스나 지하철을 타고 두 사람분의 자리를 점령하거나, 사람이 앉는 좌석에 짐을 올려놓고서도 뻔뻔스럽게 앉아 있는 사람이 있다. 많은 사람들이 서 있는데도 자리를 비워 줄 생각을 하지 않고, 좀 치워 달라고 말하면 '나도 차비 내고 탔단 말이야. 자리가 비었을 때에 탔기 때문에 내가 편히 앉았는데 웬 잔소리야! 인간은 자기를 귀중하게 할 권리가 있단 말이야. 그러니 건방지게 이러쿵저러쿵하지 말라고.'라는 식의 태도를 보인다.

일이 이렇게 되면 말을 꺼낸 사람도 별로 유쾌한 기분이 되지는 못하겠지만, 당사자 자신도 자기의 권리를 주장하는 가운데 끊임없이 남의 빈축을 사지 않으면 안 되는 까닭에 편치는 않을 것이다.

그러므로 자기의 권리라고 하여 그것을 아무렇게나 사용하는 것은, 반대로 자신이 결과적으로 손해를 입게 되는 것이다. 또 자신이 손해를 보지 않는다 하더라도 그만큼 다른 사람에게 손해를 끼치게 된다. 이래서는 안 된다.

이야기의 경우도 마찬가지이다. 말하는 사람이 자기에게 발언권이 있다고 하여 아무렇게나 말해서는 조금도 득이 되는 결과를 얻을 수가 없다.

어떻게 해석하느냐는 것은 듣는 사람의 고유 권리이다

그렇다면 왜 말하는 사람의 발언권이 제한을 받아야 하는가?

본래 말이라는 것은 언제나 자기 생각대로의 결과를 기대하고 하는 것이다. 그런데 상대방을 위로하려고 한 이야기가 오히려 본의 아니게 상대방을 불쾌하게 만든다면 오히려 이야기하지 않은 것만 못하게 된다.

그럼 이야기를 한 그 성과를 결정하는 것은 누구인가?

말하는 사람은 아무리 자기의 말이 재미있고 훌륭하다고 생각해도 상대방이 시시하다고 생각하면 그만이다. 여기에서 듣는 사람의 권리란 무엇인가 하는 문제가 제기된다.

말하는 사람은 자유자재로 자신이 생각한 것을 말할 수 있다. 그러나 듣는 사람에게는 그 말의 뜻이나 효과를 결정할 권리가 있는 것이다. 다시 말하면 말하는 사람의 이야기에 대한 해석은 어디까지나 듣는 사람의 권리라는 것이다. 우리가 이야기를 할 때 항상 듣는 상대방을 고려하라고 하는 것도 그러한 까닭이다. 곧 듣는 상대방이 자신이 의도하는 바를 그대로 해석해 주지 않는 한, 어떤 이야기를 해도 무의미하다는 말이다.

말하는 사람에게 결정권이 있다고 해서 상대방에게 "지금부터 네게 말하겠는데, 너는 멍청이니까 내가 하는 말이 무슨 뜻인지 잘 모를 것이다. 그러니 똑똑히 명심해서 잘 들어야 한다."라고 말한다면, 상대방은 오히려 "뭐라고! 너야말로 멍청이가 아니냐!" 하면서 반감을 갖게 되고, 따라서 그 뒤의 이야기는 듣지 않게 될 것이다.

그러므로 자기의 이야기를 상대방으로 하여금 기분 좋게 듣게 하기 위해서 우선 상대방의 기분을 상하게 해서는 안 된다. 이것이 곧 말하는 사람의 발언권이 듣는 사람의 결정권에 의하여 제한된다는 것이다.

여기까지 생각이 미치게 되면 또 다른 문제가 제기된다. 내가 여러 사람들의 이야기를 평할 때에 "저것은 이야기를 하는 것이 아니라 저 혼자서 떠들어 대는 것이다."라고 하는 것이 바로 그것이다.

듣는 상대방을 생각하지 않고 말하는 것은 듣는 사람의 결정권을 도외시하는 것과 같다.

독자 여러분은 이야기를 할 때에 언제나 듣는 사람의 결정권을 염두에 두고 말하고 있는가?

'아마 상대방도 내가 생각하는 바대로 생각해 줄 거야.'

이러한 사고방식이 강하지는 않은지 모르겠다. 그리고 그 결과 자신이 생각한 대로 듣는 사람이 이해해 주지 않으면, '그 사람은 성격이 삐딱해서 내 말을 그대로 받아들이지 못하는 거야.' 하는 식의 아전인수 격으로 생각할 수도 있다. 또한 자기의 과오는 생각하지 못하고 듣는 사람의 결정권마저도 무시해 버릴 수도 있다.

거듭 말하지만 말하는 사람의 뜻을 어떻게 해석하느냐 하는 것은 듣는 사람의 고유의 권리이다. 따라서 말하는 사람은 그 듣는 사람의 결정권에 대하여 이러쿵저러쿵할 권리는 없다. 우리는 이러한 점을 깊이 생각해야만 한다.

이를테면 어떤 물건이 검다는 것을 듣는 사람에게 결정시키는 힘은 분명히 말하는 사람의 '말의 힘'에 있다. 그러나 검은 것을 희다고 상대방이 결정해 버리는 것에 대해서는, 말하는 사람으로서는 어찌할 도리가 없는 것이다.

"너는 내가 검다고 말했는데, 어째서 희다는 말로 들었어?" 하고 책망할 수는 없는 것이다. 이러한 결과는 말하는 사람에게 그 원인이 있는 것이지 결코 듣는 사람의 잘못이라고 할 수는 없다.

이것은 '말하는 방법'의 측면에서 보면 대단히 중요한 문제이다. 우리는 이야기를 할 때 보편적으로 상대방에게 책임을 뒤집어씌우며 말하는 경향이 많다. 그것은 말의 힘을 제대로 연마하지 못했기 때문이다.

우리는 일상생활에서 많은 이야기를 하며 살아간다. 그러나 결국은 이러한 기본적인 문제도 모르면서 이야기를 하는 실수를 저지르고 있다는 사실이다. 혹은 그러한 문제를 알고 있으면서도 자기도 모르는 사이에 그러한 데까지 생각이 미치지 못하는 수도 있을 것이다.

Chapter
04

화법은
상대방을 배려하는 것이다

:

일단 '대화'가 시작되었으면, 대화 도중에는 서로 침묵을 지키거나

다른 곳을 바라본다거나 하지 말고, 진실로 마주 앉아 그 시간에

하나의 보탬이 될 수 있는 심리적인 환경을 조성하려는 의지를 잃지 않아야 한다.

이것은 대화의 원칙이라기보다는 오히려 대화의 목적이나

본질의 전체적인 원칙이라고 해도 좋으리만큼 중요하다.

1
상대방의 변화에 적절하게 대처해야 한다

사람은 남의 얘기를 별로 듣고 싶어 하지 않는다

누구든지 듣는 입장이 되었을 때 공통으로 갖게 되는 네 가지 본질에 대해서 알아보도록 하자.

첫째, 싫증을 내기 쉽다.

둘째, 외적인 조건의 지배를 받기 쉽다.

셋째, 내적인 조건이 변하기 쉽다.

넷째, 친근감을 갖기 쉽다.

이 네 가지를 차례로 설명하기 전에, 우선 다음과 같은 문제가 있다는 사실을 기억하기 바란다.

그것은 우선 어떻게 하든지 상대방으로 하여금 듣고자 하는 기분을 갖도록 해야 한다는 일이다. 이것은 네 가지의 본질에 대한 연구보다도 선행되어야 할 문제이다.

말하자면 듣는 사람의 주의를 끈다거나, 상대방으로 하여금 자신이 한 말을 거꾸로 해석하는 일이 없도록 하는 노력이 있어야 한다는 것이다. 즉 자신이 생각한 대로의 효과를 거둘 수 있도록 상대방으로 하여금 듣는 방법을 개선해 줄 수 있도록 유도해야 한다.

그렇다면 상대방이 호의를 가지고 자기의 이야기를 듣도록 하려면 어떻게 해야 할 것인가. 그것은 상대방을 분석하기 전에 평상시의 노력이 중요할 것이다. 그것은 곧 듣는 사람이 좋아해야 한다는 말이다. 만약 상대방이 듣기를 좋아하지 않는다면 '저 녀석이 하는 말은 모두가 시원치 않아.'라고 생각하기 쉬워서, 비록 상대방을 위하는 말을 해도 상대방은 이를 순수하게 받아들이지 않는다.

그렇기 때문에 옳든 그르든 간에 상대방으로 하여금 자기에게 호의를 갖도록 노력해야 한다.

무조건 말을 하기만 하면 된다는 생각으로, 조건 따위는 조금도 고려하지 않는 사람이 많다. 그러나 상대방에게 좋다는 생각이 없다면 아무리 이야기를 하여도 소용이 없다.

그렇다면 어떻게 해야 상대방이 좋다고 할까? 그 대답은 간단하다. 상대방에게 호감을 얻기 위해서는 먼저 상대방을 좋아해야 한다는 것이다. 나아가서는 상대방의 가치를 인정하고, 상대방에게 호의를 가지고 이야기하도록 노력해야 한다.

그럼 이제 본질의 문제를 살펴보자.

먼저 듣는 사람은 싫증을 잘 낸다는 본질을 가지고 있다.

남의 말을 듣는 것을 썩 좋아하는 사람은 드물다.

이것은 왜 그럴까? 그 이유는 웬만한 일이 아니고서는 남의 이야기를 들을 때에 솔선해서 '듣자, 듣자.'라고 생각하며 듣지는 않는다는 데 있다.

우리가 일상생활에서 쉽게 경험하는 일이지만, 어떤 모임이든지 특별한 경우를 제외하고는 자진해서 나오는 사람은 드물다. 주위의 권유나 체면 때문에 나오는 경우가 많다는 것이다. 어떤 강연회나 간담회, 또는 동창회 같은 집회도 보통의 경우에 그 집회 성적이 아주 나쁜 것을 보면 쉽게 알 수 있다.

이와 같이 사람들은 웬만큼 특수한 조건이 없는 한 남의 이야기를 듣기 위해 어떤 장소에 참석하려 하지 않는다. 다시 말해서 어떤 강연회나 연설회에서 맨 앞좌석부터 청중이 가득 찼다는 말을 들어 본 적이 별로 없다는 이야기이다. 아무리 많은 사람이 모인 모임이라도 맨 앞좌석은 의외로 비어 있는 경우가 허다하다.

그런데 스트립쇼를 하는 술집 같은 곳에서는 뒤쪽이 텅텅 비고, 맨 앞좌석은 빽빽이 들어찬 상태가 된다. 이것은 좀 이상한 예이지만, 아마도 스트립쇼를 보려고 하는 욕망이 앞서기 때문에 앞쪽으로 끌려 나가게 되는 것이 아닐까?

반대로 강연회나 연설회의 앞좌석이 텅텅 비는 것은, 그만큼 듣고자 하는 의욕이 그다지 많지 않다는 사실을 증명한다. 이렇게 볼 때, 인간은 남의 이야기를 별로 듣고 싶어 하지 않는 본질을 지니고 있다는 사실을 알 수 있다.

그렇다면 사람들은 왜 그런 본질을 가지고 있을까? 이것은 조금만 생각해 보면 금세 알 수 있는 일로써, 남의 이야기를 듣는다는 것도 커다란 노동을 하는 것과 같다는 것이다.

남의 이야기를 성실하고 진지하게 들어 보자. 그야말로 피로감이 엄습해 올 것이다. 피로를 느끼지 못한다면 그것은 상대방의 이야기를 진지하게 듣지 않았다는 증거이다.

그럼 이야기를 듣는 데에는 과연 어떤 노동이 따르는가?

여기에는 먼저 눈의 역할을 들 수 있다.

남의 이야기를 성실하게 들으려면, 먼저 그 사람의 얼굴과 제스처 등을 똑바로 보고 있어야 한다. 곧 눈은 항상 움직이고 있어야 하며, 거기에서 눈이 피로하게 되는 현상이 일어나게 된다.

다음으로는 귀의 역할을 들 수 있다.

말할 것도 없이 귀는 상대방의 언어나 소리를 듣는 직접적인 기관이다. 그러므로 귀의 활동은 너무나도 분명하다. 소리는 다양한 것이다. 인간의 귀는 아주 사소한 소리까지도 들으려고 하는 속성을 가지고 있다.

좀 더 깊이 생각해 보면, 인간은 다른 사람의 이야기를 하나의 언어로 이해하려고 하기보다는, 오히려 어떠한 리듬으로 들리는가 하는 편에 더 주의를 기울인다. 따라서 음조는 이야기의 의미를 이해하기 위한 중요한 요소가 된다.

귀는 그 음조에 민감하다. 다소 예외는 있겠지만, 어미가 고조되거나 전체적으로 어조가 고조되는 듯한 경향의 음조는 대체로 거짓말이나 자신이 없는 말이며, 어미가 쑥 내려가서 전체의 어조가 침착한 음조가 되는 경우에는 진실한 말일 것이다.

귀는 이러한 것을 구별할 수 있는 능력이 있기 때문에, '저 사람의 이야기는 대단히 훌륭하지만 어딘지 좀 어색한 것 같아.'라거나 '저 사람은 언변이 뛰어나지는 못하지만 진실성이 있군.' 하고 느끼는 것이다.

이러한 까닭에 귀는 인간의 상상 이상으로 활동하고 있다는 것이다. 바로 여기에서 귀의 활동이라는 문제가 성립된다.

다음에는 몸의 활동을 들 수 있다.

우리는 남의 이야기를 들을 때에 몸을 딱딱하게 하고 듣는 경우가 많기 때문이다. 그것이 피로를 가져오는 원인이 된다.

그러므로 말하는 사람의 입장에서도 상대방을 너무 긴장시키거나 해서는 안 될 것이며, 듣는 입장에서도 역시 자세를 딱딱하게 해서는 곤란하다는 이야기이다. 남의 이야기를 들을 때에는 가급적 편한 자세를 취하는 것이 좋다.

그 다음으로는 두뇌의 활동을 들 수 있다.

책을 읽을 경우에는 잘 이해가 되지 않는 부분은 몇 번이고 반복해서 읽을 수 있지만, 이야기를 듣는 경우에는 그때그때 그 의미를 해석하고 넘어가지 않으면 안 되기 때문에 그만큼 두뇌의 활동이 많아진다.

그러므로 두뇌가 항상 100%로 활동하고 있지 않으면 상대방이 하는 말을 정확하게 알아들을 수 없다.

대개 위에서 말한 것들이 이야기를 들을 때에 피로를 발생시키는 요인이라 하겠는데, 결론적으로 말한다면 남의 이야기를 듣는다는 행위는 거의 전신노동에 가깝다는 것이다.

따라서 이야기가 길어지면 듣는 사람은 싫증을 느끼게 마련이다.

이러한 점을 미리 예상해서, 말을 하는 쪽이나 듣는 쪽 모두가 싫증을 느끼지 않도록 하는 노력이 필요하다.

한마디로 이야기는 짧을수록 좋다. 이야기는 가급적 정리하여 조금이라도 듣는 데에 따른 노동을 줄이는 노력이 중요한 것이다.

외적인 조건을 고려해야 한다

다음으로, 듣는 사람은 외적인 조건의 영향을 받기 쉽다는 본질을 가지고 있다고 할 수 있다.

아무리 남의 이야기를 진지하게 듣고 있는 중이라도, 만일 갑자기 어린아이가 운다거나, 아니면 누가 물건을 바닥에 떨어뜨려서 요란한 소리를 낸다거나 한다면, 말하는 사람보다도 듣는 사람 쪽이 더욱 그 영향을 받기가 쉽다. 심지어 파리 한 마리가 날아다니는 따위의 극히 사소한 일로 분위기가 깨지는 경우도 있다. 바로 이러한 것들이 외적인 조건의 지배이다.

그 밖에도 많다. 내 경우를 예로 들어 보자.

내가 지난여름에 강연할 때의 일인데, 그 강연장의 창문이 더위 때문에 모두 열려 있었다. 그러니 외부로부터의 온갖 소음, 심지어는 개 짖는 소리로 도무지 강연의 분위기를 제대로 잡을 수가 없었다. 이렇게 되면 말하는 사람도 힘들고, 듣는 사람들도 고생을 하게 된다.

이럴 때에는 나는 언제나 목소리를 좀 더 높이거나, 아니면 강연의 내용을 더욱 화려하게 하는 등 온갖 방법을 써 보지만, 그래도 때때로 외적인 조건에 지고 만다. 외적인 조건이란 그렇게 강한 것이다.

어찌했든 대단히 떠들썩한 곳에서나 혹은 듣는 사람의 상태가 해이해져서 웬만한 노력으로는 상대방을 긴장시키기 어려운 경우에 이야기를 해야 한다면, 이것은 정말로 심각한 문제가 아닐 수 없다.

좀 더 깊이 생각해 보면, 듣는 사람에게는 여러 가지의 조건이 있을 수 있다.

예를 들면 어떤 바쁜 일이 있다든지, 초조한 나머지 혼란된 상태에 있다든지, 아니면 무슨 걱정거리가 있다든지 하는 등 수없이 많다.

그러한 것들이 자신이 이야기하는 것 이상으로 듣는 사람을 얽어맨다는 사실을 우리는 언제나 유념해야 한다.

그렇기 때문에 외적인 조건이 자기의 이야기에 적응하는지 아닌지를 파악해서 그 외적인 조건을 자신에게 좋은 조건이 되도록 힘이 자라는 데까지 노력해야 한다.

그래도 도저히 적응시키기 어려우면 이야기의 가락이나 이야기 그 자체를 바꾸는 편이 낫다. 즉 방침을 바꾼다는 것이 중요하다는 말이다.

혹시 어떠한 외적인 조건을 무시한다거나 아니면 그것과 맞서서 대항하려고 한다면, 이는 정녕 부질없는 짓에 불과한 것이다.

되풀이하는 말이지만 듣는 사람을 둘러싸고 있는 외적인 조건을 전혀 고려하지 않고 오직 말을 끝내기만 하면 된다는 사고방식으로 이야기한다면, 그것은 발성연습을 하는 데 지나지 않는다.

듣는 사람의 본질을 잘 파악한다면, 외적인 조건을 그 장소에 알맞게 자기에게 보다 유리한 방향으로 만들 수가 있다.

이러한 노력은 어려운 일임은 분명하지만, 듣는 사람의 본질도 파악하지 못하고 어찌 훌륭한 이야기를 할 수 있겠는가.

그리고 이야기 도중에 외적인 조건이 나빠지게 된 경우에는 차라리 이야기를 빨리 중단하는 것이 현명한 일이기도 하다는 점을 덧붙여 둔다. 외적인 저항 조건이 강한 데도 계속하는 것은 쌍방이 모두 짜증스럽고 고통스러운 일이다.

내적인 조건은 변하기 쉽다

내적인 조건 역시 변하기 쉽다는 것은 우리가 일상적인 대화를 할 때에도 쉽게 경험하는 일이다.

이야기 도중에라도 공연히 모든 것이 다 귀찮게 느껴지는 상태가 되기도 하고, 또는 '뭐, 저런 사람의 이야기는 들을 가치도 없어.'라는 식의 분위기가 발생하기도 한다. 이런 일은 내적인 조건이 변하기 쉽기 때문에 발생하는 것이다.

그렇기 때문에 언제나 서로가 상대방의 이야기를 들으려고 하는 상태를 지속시키지는 못한다. 이야기 도중에, '뭐, 이런 자식이 있어. 별 우스운 놈 다 보겠네.' 하는 식으로 분위기가 돌변하는 경우도 있으므로, 우리는 이러한 일도 늘 각오하지 않으면 안 된다.

이와 같은 여러 가지 문제를 생각해 보면, 이야기를 할 때에는 여간 주의를 하지 않고서는 이 내적인 조건의 변화에 대응하여 이야기의 효과를 얻기가 어렵다. 다시 말하자면, 이야기를 듣는 사람의 끊임없는 심경의 변화나 또는 자신의 이야기에 대한 상대방의 반응 등을 면밀하게 관찰하고 분석해서 대처해 나가야 한다는 말이다.

이렇게 본다면 우리는 이러한 상태의 변화를 전혀 느끼지 못하고 떠들어 대는 경우가 많은 것 같다. 그렇다면 이는 개선하지 않으면 안 된다.

또한 자신이 한 이야기가 상대방에게 어떤 영향을 주었는가 하는 점을 상대방의 표정이나 답변을 통하여 파악할 수 있도록 항상 주의를 기울여야 한다.

이제 실제적인 대화를 예로 들어 보자.

"야! 오랜만이군. 그래, 모두들 별일 없는가?"

이때에 말하는 쪽에서 예상했던 상대방의 대답이다.

"아, 그럼, 다 별일 없지. 자네도 별고 없었겠지?"

하는 정도일 것이다. 그런데 예상을 뒤엎고 상대방이 다음과 말한다면 어떻게 하겠는가.

"아니, 사업도 생활도 모두 엉망이야. 이젠 모든 것이 다 싫어졌다네. 오늘도 자네와 모처럼의 약속이니까 나왔네만, 자네와 이야기한다고 별다른 뾰족한 수가 있겠나."

우리는 보통 어떤 사람과 대화를 나눌 때에는 무의식적으로 다음 말을 생각하게 된다. 그런데 앞에서의 경우처럼 뜻밖의 사태와 맞닥뜨리게 되면 갑자기 다음 말이 막혀 버리기 쉽다. 그런 경우 '얘기라도 한번 해 보게. 내가 도와줄 일이라도 있는지 아나?'라고 응수한다거나, 또는 "안 됐군. 그런 줄도 모르고 불러내서……."라는 식으로 비꼬는 듯하게 응수하는 데 따라 상대방의 태도도 달라진다. 만일 전자의 경우라면, 상대방도 "응, 실은 나도 그렇게 생각했다네. 자네에게 푸념이라도 터뜨리면 기분이 좀 나아지겠지. 그럼 내 이야기를 한번 들어 보게나." 하고 기분 좋게 나올 것이다. 그러나 만일 후자의 경우라면 이러한 모양이 될 것이다.

"뭐, 그렇게까지 비꼴 건 없네. 자네에게 푸념 같은 걸 해 봤자 별 소용이 없겠지만, 그래도 일부러 나온 거라네."

"그렇다면 자네 일부러 나오지 않아도 좋았을 걸 그랬네."

이렇게 대꾸한다면 이미 대화는 중단된 것이다.

대화는 서로가 처음의 대답에 응하는 방법에 따라 효과가 결정된다.

이 점을 두 가지의 면에서 살펴보자.

무난한 형태는 상대방의 말에 대해 무난하게 대답하고, 다음의 변화를 보아 가는 것이다. 그리고 천천히 자기의 상대방 페이스를 조절하면서 대화를 만들어 간다. 이 방법대로 하면 한 차례의 대화는 무난히 이루어지며, 더 나아가서는 훌륭한 대화를 만들 수도 있다.

또 하나의 방법은, 상대방의 심리 상태를 철저히 분석하고 거기에 적합한 대화를 만들어 나가는 일이다. 이 경우 만일 분석을 잘못하면 어색하거나 허술한 분위기를 만든다는 점을 각오해야 하지만, 그러나 내적인 조건에 대한 분석 노력이 행해지면 기분 좋은 대화를 나누게 되는 것만은 분명하다.

이렇게 본다면 외적인 조건이 듣는 사람에 대한 영향력을 가지는 것은 분명하지만, 내적인 조건의 분석력이 그 외적인 조건의 영향력을 넘어서 기분 좋은 대화를 만들어 간다는 사실을 알 수 있다.

폭넓은 지식을 갖추고 있어야 한다

지금까지 보아 온 관점에서 우리가 다음으로 생각해야 할 것은 '동정'이다. 보통 사람들은 이 '동정'을 '불쌍히 여긴다.'는 의미로 생각하겠지만, 실제로 '동정'은 '불쌍하다.'는 뜻과는 다르다. 즉 '동정'이란 상대방과 정을 같이 한다는 뜻이다.

만일 상대방의 내적인 조건, 즉 마음의 변화에 동정이 생기게 되면, 그 마음의 변화를 즉시 포착하여 거기에 대응하는 자세가 생기는 것이다. 그러므로 우리가 동정할 수 있는 인간이 되는 것, 다시 말하면 동정능력을 갖는 것이 이 내적인 조건 때문에 피해를 입지 않는 유일한 길일 것이다.

인기 배우의 경우에도, 물론 몹시 고생한 끝에 유명해진 사람은 그렇지 않겠지만, 유행의 물결을 운 좋게 타고 인기를 얻었다거나, 또는 얼굴이 매우 예쁘다거나 하는 그런 이유로 인기를 얻은 배우는 쉽사리 동정을 얻을 수 없을 것이다.

우리는 흔히 "저 사람은 정말 고생을 많이 한 사람이야. 그래서 남의 어려움을 잘 알고 있어."라는 이야기를 하는데, 이런 이야기를 들을 수 있는 사람이라면 동정할 수 있는 사람이라고 보면 된다.

그리고 대화가 기분 좋게 이루어지기 위해서는 무엇보다도 여러 가지 일에 폭넓은 지식을 갖추고 있어야 한다.

여러 가지의 사항, 여러 가지의 상태, 여러 가지의 생활, 여러 가지의 감정의 움직임, 이러한 일들을 더 많이, 더 넓게 아는 것이 대화를 훌륭하게 만드는 중요한 요건이다.

그러므로 대화를 훌륭하게 하는 사람들은 폭넓은 지식을 가지고 있는 사람들이라고 할 수 있다.

아울러 우리는 일상생활에서 여러 부류의 사람들과 대화를 나누게 된다. 따라서 상대방의 생활습성을 알아 두는 일이나, 여러 가지의 사항을 관철해 두는 일, 또는 여러 가지 직업에 대해 조금 알아 두는 일이 필요하다.

그렇게 되면 어느 때, 어느 장소를 막론하고, 또 그 누구와도 자연스러운 이야기를 할 수 있다. 말하자면 화제가 풍부해진다는 것이다.

하지만 이야기를 처음부터 끝까지 똑같은 방식으로 밀고 나가서는 안 된다. 상대방의 마음의 변화에 따라 적절한 대응을 마련해야 한다.

그릇에 물을 담는 때에도 처음에는 물론 비었으나 점점 물이 늘어감에 따라 물을 넣는 방법도 바꾸지 않으면 안 된다. 어느 정도 물이 찬 상태에서는 조금씩 천천히 물을 붓지 않으면 넘쳐 흐르게 되므로, 여러 가지로 물을 붓는 방법의 문제가 생길 것이다. 이것은 이야기할 때에 상대방의 변화에 적절한 대응책을 강구해야 한다는 원리와 같다.

이와 같이 상대방의 변화에 어떻게 대응해야 하는가를 항상 생각하면서 이야기를 전개해 나가야 한다. 예를 들면 "제 생각엔 이렇게 하는 것이 좋을 듯싶은데, 당신의 생각은 어떠신지요."라는 식으로 상대방의 기분을 그때그때 전환시켜서 자기의 이야기를 기분 좋게 듣도록 해야 한다.

그리고 듣는 사람은 대개 말하는 사람에 대해서 친근감을 갖기가 쉽다.

버스나 지하철 같은 데서 처음 만난 사람과도 이런저런 이야기를 나누다 보면 자연히 친근감이 생긴다. 이럴 때, 만일 자신과 이야기를 나누던 사람과 제3자와의 사이에 어떤 일로 말다툼이라도 일어나면, 자기는 자연히 이야기를 나누던 그 사람의 편이 된다. 이것은 듣는 사람이 말하는 사람에게 친근감을 느낀다는 사실을 증명하는 것이다.

그러므로 우리는 이러한 점을 염두에 두고 노력하는 데 따라 상대방으로 하여금 자신의 이야기를 호의적으로 듣게 할 수 있을 것이다.

2
말하는 사람의 뜻대로만 전해지지는 않는다

상대방을 '듣는 사람'으로 의식해야 한다

필자가 전에 어느 팀장연수회에 나갔을 때였다. 그때, 나는 '이야기는 반드시 상대방이 있다. 그 상대방을 듣는 사람으로 만드는 노력을 해야 한다.'는 내용으로 강연을 했었다.

강연을 마치고 나서 나는 팀장들 전원에게 각자 자기소개를 하도록 하였는데, 그 순서가 끝난 뒤에 어느 팀장에게 감상을 물어보았다. 그러자 그 팀장은 "어떤 저항의식 비슷한 것을 느끼게 되더군요." 하고 대답하였다. 그래서 내가 되물었다.

"왜 그럴까요? 평소에는 아무렇지도 않게 말씀하셨을 텐데, 혹시 간부회의를 할 때에도 그런 저항의식을 느끼셨는지요?"

"글쎄요, 평소에는 그렇지 않았는데. 이상하게도 평소처럼 되지 않더군요."

이렇게 말하면서 자신도 왜 그런지 잘 모르겠다는 표정을 지었다.

그렇다면 왜 평상시처럼 되지 않는 것일까? 그것은 평소 이야기할 때에는 상대방을 '듣는 사람'으로 의식하지 않은 까닭이다.

그 팀장의 경우도 마찬가지이다. 평소에는 아무 생각 없이 술술 이야기해 왔지만, 막상 여러 사람들 앞에서 자기소개를 하게 되니까 그제야 비로소 상대방을 '듣는 사람'으로 의식하게 되고, 거기에서 어떤 저항의식을 느끼게 되었을 것이다.

독자 여러분도 새삼스럽게 상대방에게 이야기할 때에는 아마도 평상시와 같은 상태가 되지 않는 경우가 많을 것이다. 이와 같이 상대방을 '듣는 사람'으로 의식하지 않고 말한다는 것이 얼마나 중요한 문제인가 하는 점을 깨달아야 한다.

상대방을 '듣는 사람'으로 의식한다는 것은, 말하는 사람의 심리적 입장에서 본다면 결국 말하는 일에 책임을 느낀다는 것이다.

이제부터 나는 여러분에게 항상 상대방을 '듣는 사람'으로 의식하라고 권하고 싶다. 어느 때는 자기의 아내나 자식까지도 '듣는 사람'으로 의식되는 경우가 있다. 이러한 때에는 이야기하는 방법 여하에 따라 책임이 없어지는 수도 있다.

또 듣는 사람 쪽에서도 말하는 사람에게 책임을 요구하지만, 말하는 사람 스스로도 상대방에게 책임을 느끼게 된다. 이것은 상대방이 듣고 있다는 데에는 어떤 대답이 요구되고 있기 때문이다.

지금까지 여러분은 대체로 비교적 이 문제를 심각하게 생각하지 않았을 것이다. 다시 말하면 상대방을 '듣는 사람'으로 의식하는 심적인 태세가 완전히 갖추어져 있지는 않은 것 같다는 이야기이다.

그런데 '듣는 사람'을 너무 빨리 의식하면 오히려 '흥분한다.'는 현상을 일으키기 쉽다. 그러나 책임이라는 문제가 있기 때문에, 상대방에게 불쾌감을 주고 "참 미안했습니다. 제가 그만 실수를 했나 봅니다." 하는 식의 말은 통하지 않는다. 한 번 잘못을 저지르고 나면 다시 회복되지 않는다는 점을 상기할 필요가 있다.

일 대 일의 경우나 부모 자식 사이처럼 인간관계가 깊으면 깊을수록 의식을 한다는 일이 적어진다.

상대방이 많은 경우에 '의식한다.'는 것은, 말하는 사람이 듣는 사람들에 대해 대단히 객관성을 갖는다는 것이 된다.

그렇게 되면 '훌륭하게 말해질까.', '많은 상대방에게 책임을 다할 수 있을까.' 하고 내심 초조감이 고조되어서 '흥분한다.'는 현상이 일어난다. 특히 중요한 일을 말할 때에는 이 '흥분한다.'는 현상이 더욱 강하게 일어난다.

우리는 이제 말을 할 때에 상대방을 '듣는 사람'으로 의식하는 노력을 거듭하면 상대방의 심리변화나 반응에 적절히 대응하여 말할 수 있어야 한다는 사실을 알 수 있다. 즉 상대방 본연의 자세를 구체적으로 검토하고 연구하는 일이야말로 진정 '화법'의 공부가 된다는 것이다.

그런데 '이야기 한다.'는 일에 있어 상대방을 '듣는 사람'으로 의식하는 것 외에도 근본적으로 중요한 점이 있다. 그것은 생각하는 말, 즉 '사고어'와 나타내는 말, 즉 '표현어'에 대한 문제이다.

우리는 사물을 생각하는 데에도 언어로써 하게 된다. 곧 자기의 머릿속에서만 사용하는 언어가 '사고어'이다.

'표현어'라는 것은 상대방에게 자기 의사를 나타내는 언어이다. 여기에는 '상통한다.'는 문제가 있다.

사람들은 대개 '사고어'와 '표현어'는 다를 바가 없다고 생각한다. 그러나 '사고어'와 '표현어'는 분명히 다른 것이다.

예를 들어 머릿속에는 그 누구도 따르지 못할 정도의 해박한 지식을 가지고 있는 교수가, 막상 강의를 할 때에는 별로 신통치 못한 경우가 있는 것을 보면 이를 알 수가 있다. 이 경우에는 그 교수가 '사고어'를 '표현어'로 바꾸지 못한 까닭이다.

나도 여러 사람에게 이야기할 때면, 상대방에게 내 의사를 제대로 전달시키기 위해서는 어떻게 해야 할 것인가를 깊이 생각한다. 상대방이 여러 계층으로 모였을 때에는 더욱 그러하다. 말하자면 그곳에 모인 사람들의 수준이 어느 정도인지, 또는 남자만의 경우와 여자만의 경우, 혹은 남녀가 혼합된 경우도 있을 수 있다. 이럴 때에 과연 이야기를 어떻게 진행시켜야 할 것인지는 정말 어려운 문제가 아닐 수 없다.

이처럼 '사고어'를 '표현어'로 바꾸는 데는 많은 문제를 해결하지 않으면 안 된다.

한마디로 '화법'이라는 것은 '사고어'를 '표현어'로 바꾸는 데 있어서 여러 가지 방법이나 그 법칙을 연구하는 것이다. 진정으로 '화법'이 철저하게 파악되지 못했다면, 자신의 생각을 상대방에게 의사소통할 수 있는 말로 표현하기는 어렵다는 결론이 나온다.

그러므로 '화법'을 제대로 공부하지 아니하고서는 정확하지 못한 형태로 상대방에게 의사를 전달할 수밖에 없다.

따라서 상대방에게 보다 정확히 의사를 전달시킬 수 있는 능력을 배양하기 위해서는 '화법'에 대한 제반 규칙이나 법칙, 또는 모든 조건을 다시 공부하지 않으면 안 된다.

여기에서 나는 다음과 같이 말하고자 한다.

첫째, 상대방을 '듣는 사람'으로 의식한다는 것을 실제로 훈련하고, 이야기하는 책임을 완수하는 노력을 해야 한다. 이러한 관점에서 일상생활 가운데에서도 진지하고 짜임새 있게 말하는 기분을 가져 달라는 것이다.

다음은 '사고어'를 그대로 '표현어'로 하지 말라는 것이다. 즉 '사고어'를 '표현어'로 바꾸어야 한다는 말이다. 상대방을 '듣는 사람'으로 의식하는 마음의 자세가 되어 있다면, 상대방의 심적인 움직임이나 조건의 변화, 또는 반응 등을 분석하여 거기에 적합한 '표현어'를 찾아내는 규칙을 배울 수 있을 것이다.

그리하여 한 사람이라도 더 많이 '화법'의 공부를 하여, '말'의 힘으로 밝은 인간생활을 만들 수 있어야 한다.

어떤 방법이든 정확하게 자신의 의사를 전달해야 한다

'남이 알도록 말한다.'는 문제를 좀 더 깊이 생각해 보자.

누구나 자신이 말하는 것을 상대방이 알아듣지 못하는 것은, 상대방이 무식하기 때문이라고 간단히 생각하기가 쉽다. 그러나 조금만 더 생각해 보면 그렇게 간단한 문제만은 아니라는 사실을 알게 된다.

우리가 사용하고 있는 언어는 결코 하나의 의미로만 쓰이지는 않는다. 말하자면 A라는 언어에는 가, 나, 다, 라 등의 많은 의미가 있을 수 있다. 예를 들어 어떤 사람이 '가'라는 의미로 'A'라는 언어를 사용했을 때, 상대방이 그 'A'라는 언어를 '다'라는 의미로 받아들이지는 않는다고 단언할 수는 없다.

'좋다.'라는 언어도 그것이 어느 정도의 뉘앙스를 풍기는지, 아니면 어느 정도의 깊이로 상대방에게 해석되었는지 모를 일이다. 만일 진정으로 "나는 네가 좋아."라고 어느 여성에게 말했다고 하자. 그때 그 여성이 '내가 좋다고요? 이 아저씨 정말 웃기네.' 하고 생각해도 별 수 없을 것이다.

자신이 사용하는 언어를 반드시 자신이 생각하는 대로의 의미로 상대방이 받아들인다고는 생각할 수 없다. 언어는 다의성, 추상성의 의미를 가지고 있다. 또 그 언어를 사용할 때의 어조나 억양 등이 언어를 여러 가지 의미로 변화시킨다.

그러므로 하나의 언어로써 하나의 일을 명료하게 상대방에게 전달하기 위해서는 많은 언어를 기억하고 있지 않으면 안 된다.

그런데 인간이 알고 있는 언어는 그렇게 많지 않다는 점이 문제이다. 그렇기 때문에 우리가 이야기를 할 때에 언어의 다의성이나 추상성이 문제가 된다. 다시 말하면 같은 것을 정확히 표현하면 언어가 전부 바뀌는 경우도 생긴다는 이야기이다.

또 같은 이야기라도 그때의 기분이나 분위기에 따라 그 뉘앙스가 전혀 달라지는 수가 있다. 말하는 사람에 따라서도 달라진다. 같은 말도 A라는 사람이 하면 괜찮게 들리는데, B라는 사람이 하면 기분 나쁘게 들리는 수도 있다는 것이다. 이렇게 언어의 문제는 복잡하다.

언어의 문제를 가지고 깊이 생각한다면 거기에는 언어학적인 문제도 있을 것이며, 발음학적인 문제도 있을 테지만, 다만 '화법'의 면에서만 본다면 이야기가 어떤 방법으로 상대방에게 정확히 전달되느냐 하는 것이 문제일 뿐이다.

다의성을 가진 언어, 추상성을 가진 언어, 이런 것에만 의존하여서는 자기의 의사를 상대방에게 정확히 전달시킬 수 없다. 태도를 바꾼다거나, 언어의 복합적 사용(곧 한 낱말에다 부사나 형용사를 붙이는 등의 일)이라든지, 아니면 어조를 강하게 한다는 등의 일을 생각하지 않으면 정확하게 전달시킬 수가 없다는 말이다.

방송국이나 경기장의 아나운서의 경우에는 '명확하게 말하는 방법'에 있어서의 가장 중요한 점을 표준어의 사용이나 정확한 발음 따위를 주장하는데, 실제로는 그와 같이 한다 하더라도 자신이 전하고자 하는 의미를 상대방이 제대로 받아들이지 못하는 수가 있다는 점을 진지하게 생각해야 한다.

언어를 풍부하게 알아 두라고 가르치는 사람이 있지만, 낱말을 아무리 외워도 그 낱말을 자기 나름대로의 의미로 상대방에게 전하려 하는 노력이 없다면 아무 소용이 없게 된다.

그렇다고 해서 명확한 발음이나 어휘를 많이 아는 일이 전혀 소용없다는 것은 아니다.

이런 조건을 갖추었다고 해서 반드시 '명확히 말하는 방법'을 완전히 터득했다고는 할 수 없다. 바꾸어 말하면 '명확히 말한다.'는 것은 자기의 의사를 상대방에게 전하는 전체구조가 얼마나 명확하냐의 여부에 관한 문제이다.

어찌했든 어떠한 방법으로든지 자기의 의사를 상대방에게 정확히 전달할 수만 있다면 그것이 곧 '명확히 말하는 방법'일 것이다.

3
대화는 바로 인간관계이다

대화는 서로 인간관계를 깊게 하자는 의미다

우리가 언제나 경험하고 있듯이, 대화가 가장 화기애애한 경우는 친한 사람이나 좋아하는 사람들끼리 즐겁게 대화를 할 때이다.

직장에서나 사적인 모임에서나 그 장소와 경우를 불문하고, 우리가 부담 없이 대화를 나눌 수 있는 상대방은 역시 남의 마음을 잘 이해해 주는 사람일 것이다. 이런 사람은 인간관계가 부드럽다. 인간관계가 딱딱하면 부드러운 대화는 나눌 수가 없다.

'대화'라는 것은 인간관계를 깊게 하는 근본적 역할을 해 주는 것으로써, '대화를 하자.'는 것은 '서로 인간관계를 깊게 하자.'는 의미가 된다.

서로의 사이를 기분 좋게 하고, 그러한 분위기를 기르면서 인간관계를 깊게 하는 형태가 대화 본연의 모습이다.

우리는 흔히 어떤 사람과 이야기하는 가운데, '아, 싫어졌어. 이런 사람과 싫은 기분을 참으면서까지 마주 앉아 있어야 하나.' 하고 생각할 때가 있다. 그런 때에는 벌써 그 대화 자체에 마음이 전혀 없는 것이다.

'이 사람은 싫다.' 하는 생각이 들게 되면 이미 상대방의 이야기를 듣는 것도 불쾌하고, 이쪽에서 이야기한다는 노력도 하기 싫은 현상이 생긴다. 결국 대화를 나눈 결과가 도리어 사이가 나빠졌다는 결론에 도달한다면, 그것은 진정한 의미에서의 대화가 아니었다는 셈이다.

그러므로 우리가 대화를 할 때에는 적어도 다음의 세 가지 점에 대하여 주의해야 한다.

첫째로는 상대방의 자존심을 지켜야 한다는 일이다.

인간은 자존심이 상할 때 가장 불쾌한 감정이 된다. 그러한 때에 그 불쾌감을 참으면 오히려 반발심만 생길 뿐 아니라, 심지어는 상대방에게 복수심을 갖게 되기도 한다. 그것이야말로 말다툼의 원인이다.

만일 어떻게 해서든지 상대방의 기분을 상하게 하려는 생각에 모욕적인 언사를 쓴다면 당한 쪽에서도 '뭐, 이런 자식이 다 있어!' 하며 그보다 더 강렬한 펀치를 연구해서 대들 것이다.

인간은 자존심이 상했을 때 비참해진다. 그러므로 대화할 때의 가장 중요한 문제는 상대방의 자존심을 지켜나가는 일, 바로 이것이 기본이 된다.

이야기는 언어로 하기 전에 마음으로부터 먼저 시작된다. 바꾸어 말하면 언어의 '언'과 마음의 '어'가 하나가 되지 않고서는 아무런 힘도 생겨나지 않는 것이다.

언어에 마음의 뒷받침이 있으므로 해서 생명이 있는 언어가 된다. 언어의 연결이 아무리 유창하다 하더라도, 그것이 마음에도 없는 언어의 구사라면 살아 있다고 말하기는 어렵다. 곧 언어의 응수에 마음이 동반하지 않으면 생명이 있는 대화의 활동은 성립되지 않는다.

따라서 대화에 있어서는 최후까지 서로의 자존심을 지키고 상대방과 자신과의 마음을 통하게 하여, 듣고자 하는 마음과 말하고자 하는 마음이 되는 분위기를 끝까지 지켜나가는 일이 가장 중요한 원칙이다.

둘째는 상대방이 듣고자 하는 마음이 생길 수 있는 내용을 찾아내야 한다는 일이다.

많은 사람들이 이야기를 나누다 보면 그중에는 상당히 말을 잘하는 사람이 있게 마련이다. 그러나 말을 잘한다고 해서 살아 있는 대화가 되는 것은 아니다.

그러므로 대화에 있어서는 먼저 상대방이 흥미를 느낄 수 있는 내용을 중심으로 이야기를 옮겨 가는 노력을 아끼지 말아야 한다는 것이 두 번째로 중요한 원칙이다.

세 번째로는, 대화는 단지 떠드는 것이 아니라 확실히 의식해야 한다는 일이다.

대화라는 것은 자기 혼자만 떠들어 대서 성립되지 않는다.

우리가 대화를 할 때에는 대화의 진행 중에 항상 서로의 기분이 잘 융화되는 상태가 유지되도록 그 분위기를 깨뜨리지 말아야 한다는 점을 먼저 생각해야 한다.

언제나 이쪽의 이야기가 상대방에게 기분 좋게 받아들여지고, 이쪽에서도 상대방의 이야기를 기분 좋게 들을 수 있는 상태가 되도록 해야 한다. 말하자면 그러한 심리적인 환경의 조성과, 서로가 협력해가려는 의지를 강하게 갖는 일이 중요하다는 것이다.

일단 '대화'가 시작되었으면, 대화 도중에는 서로 침묵을 지키거나 다른 곳을 바라본다거나 하지 말고, 진실로 마주 앉아 그 시간에 하나의 보탬이 될 수 있는 심리적인 환경을 조성하려는 의지를 잃지 않아야 한다.

이것은 대화의 원칙이라기보다는 오히려 대화의 목적이나 본질의 전체적인 원칙이라고 해도 좋으리만큼 중요하다.

인생을 **성공**으로 이끄는 **대화법**

Chapter
05

화법은
사랑이며 자유이다

:

사랑의 마음이야말로 인간의 가장 숭고한 마음이다.

이 숭고한 마음을 언제나 유지하려는 노력이 곧 '화법'에서의 가장 중요한 핵심이다.

말한다는 것은 인간에게 자기표현의 방법이다.

이는 또 인간만이 가질 수 있는 능력이다.

우리는 그 '말'이라는 것에 '사랑'이라는 것을 담아야만 한다.

을 사랑한다는 것은 남을 위하는 일이 아니라, 결국은 자기 자신을 위하는 길임을 분명히 깨달아야 한다.

1
대화에는 사랑이 담겨 있다

자기 자신을 지키는 것은 바로 용서이다

전에 나는 어느 회사에서 약 10여 명의 직원 앞에서 '나의 인생관'
이라는 주제로 이야기한 적이 있다. 그때 모인 사람들은 내 이야기
를 듣기만 하면 되는 것으로 생각했는지, 내가 갑자기 실제로 연습
을 시키겠다고 하니까 모두들 당황해하는 기색이 역력했다.

결국 한 사람 한 사람씩 차례로 '나의 인생관'에 대해 이야기하게
하였더니, 주제에 대한 전체적인 파악이나 정리도 제대로 못 하는
사람이 많았다. 그래서 나는 그들에게 다음과 같이 말하였다.

"오늘 나는 여러분에게 세 가지 사실을 알려 주기 위하여 이러한
실제적인 연습을 시켜 보았습니다.

첫째로, '인간은 생각하는 갈대'라고 파스칼이 말한 것처럼, 우리
도 늘 생각하며 사물을 대하는 것으로 알고 있었는데 뜻밖에도 그
렇지 못하다는 점입니다. 인생관이고 뭐고 간에 아마도 여러분 나
름대로는 무엇을 생각하고 터득했다고 생각했을 테지요. 그러나 막
상 실제로 자기의 인생관을 이야기하게 되면 의외로 생각이 정리되
어 있지 않다는 사실을 깨닫게 됩니다. 말하자면 인간은 누구나 생
각은 하고 있지만 무계획적이며 무질서하게 생각하고 있기가 쉽다
는 것입니다. 그렇기 때문에 하나의 정리된 생각을 만드는 연습을
할 필요가 있습니다.

둘째로, 한 번쯤 인생에 대하여 생각해 보았다고 하더라도, 그것

을 여러 사람에게 알리기 위하여 표현하려고 하면 그리 간단하지는 않다는 점입니다. 이것은 정말로 어려운 일입니다. 다시 말하면 자신의 생각을 그대로 표현한다는 일은 결코 간단한 일이 아니라는 점을 분명히 알아야 한다는 점입니다.

셋째로는, 지금까지 말한 바와 같이 말하는 사람의 생각이 불충분하거나, 또는 어느 정도 생각을 가졌더라도 그것을 제대로 표현하지 못하게 되면 듣는 사람의 편에서는 그 말하는 사람의 생각을 정확하게, 올바르게 알아듣지 못한다는 점입니다.

오늘은 이 세 가지를 여러분이 알아주시기 바라는 마음에서 실제적인 연습을 해 본 것입니다."

나는 항상 먼저 이야기할 때의 기초를 생각하려고 노력한다.

앞에서 말한 것은 그러한 점을 생각해야 한다는 자료일 뿐이다.

이와 같이 자기의 생각을 잘 정리해서 정확하게 갖추어진 모양으로 이야기한다는 것은 매우 어려운 일이다. 그렇기 때문에 수없이 대화가 반복해서 이루어지지 않으면 서로의 기분을 상대방에게 제대로 전하기가 어렵다.

여기에서 자유로이 대화를 계속한다는 문제를 생각해 보기로 하자.

대화를 할 때에 가장 문제가 되는 점은 막힘없이 이야기를 해 나가려는 의욕이다. 그 의욕을 가지려면 무엇보다도 대화에 대한 상대방의 의욕을 지속시키는 노력이 필요하다.

그러기 위해서는 먼저 재미있는 일을 찾아내면서 이야기한다거나, 상대방이 그 일에 대해서 발언하기 쉽게 해야 하는 것은 물론이다.

그러나 앞에서도 말했듯이, 무엇보다도 상대방의 자존심을 지켜 주는 일이 중요하다. 상대방의 자존심을 상하게 하면 '뭐 이런 사람이 다 있어.' 하는 식으로 생각하게 되고, 더 이상 대화를 계속할 기분을 상실한다. 더 나아가서는 '이런 사람은 딱 질색이야.'라는 식의 극단적인 생각을 갖게 될지도 모르는 일이다.

따라서 상대방의 자존심을 지켜 준다는 마음 자세가 얼마나 중요한가 하는 점을 다시 한 번 깊이 생각해야 한다.

또 하나는 '듣는 사람의 처지'로서의 문제이다. 대화를 할 때에 말하는 사람이 계속적 이쪽의 자존심을 지켜준다는 것은 어려우므로, 혹시 자존심을 상하는 일이 다소 있더라도 그 즉시 반발을 해서는 대화 그 자체가 기분 좋게 지속될 수 없게 되는 것이다.

그렇다면 대화에 있어서 '듣는 사람'으로서의 자신은 어떠한 자세를 취해야 되는가. 그것은 곧 '용서'의 마음을 가져야 한다는 것이다.

상대방으로 인하여 자존심을 상했다거나, 싫은 말을 듣게 되었다거나, 또는 불쾌감을 느꼈다고 하더라도 상대방을 좀 더 폭넓게 이해할 수 있어야 한다. 만일 이때 '이런 녀석 좀 보게.'라는 식으로 생각한다면, 그 순간에 이미 대화를 하고자 하는 기분은 없어진다.

이런 경우에는 오히려 '저 사람이 이렇게 나오는 것도 무리는 아니군. 저 사람은 아마도 내 말을 오해한 모양이야.'라거나 또는 '저 사람에게 거기까지 바라는 것은 아마 내 욕심이 좀 지나쳤던 거야.' 하고 생각하는 '용서'의 마음이 있어야 한다.

대개 '용서'라는 것은 소극적으로 참는다는 의미로 해석되기 쉽다. 혹은 우쭐해서 잘난 척하는 것으로 해석한다. 그러나 '용서'란 전진적인 것으로써, 스스로 자유를 파악하는 일이요, 또 자기의 자유를 지키는 일이다.

예를 들어 여러분이 부부싸움을 한 뒤 "이제 당신하고는 말도 하기 싫어." 하고 상대방을 용서할 기분이 나지 않는다면 어떻게 되겠는가.

말하지 않는다는 그 자체는, 예를 들어 남편이 물을 마시고 싶을 때에도 '물 좀 떠다 줘.'라고 아내에게 말하지 못하는 현상을 낳게 될 것이다. 그렇게 되면 결국 자기 스스로 주방에 가서 물을 마실 수밖에 없다. 결국 자기의 자유와 권리는 거기서 상실하고 마는 것이다.

이러한 관점에서 본다면, '용서'라는 마음을 갖지 못하는 인간은 결국 자기 스스로를 부자유스럽게 만드는 셈이다.

이 문제에 대하여 생각의 폭을 좀 더 넓혀 보자. 만일 부하직원을 둔 사람이 용서한다는 마음을 갖지 못한다면 어떻게 될까.

"저 녀석은 도대체 돼먹지 않았어. 도무지 발전성이 안 보이거든."

"저 녀석은 어딘지 모르게 불쾌한 놈이야. 저런 놈에게는 뭘 시켜 봤자 소용이 없어."

이런 식이라면 결국은 직원을 부린다는 자유라는 것이나, 부하를 활동하게 하는 능력이라는 것은 아예 사라지고 마는 결과가 될 것은 뻔한 일이다.

인간이 자신의 자유를 지킨다는 것은 용서한다는 행위에 의해서만 이루어진다고 생각하지 않으면 안 된다.

대화는 자유로이 이루어져야 한다. 그래야 상대방과 대화를 하고자 하는 의욕이 자존심을 지킨다는 마음 자세를 바탕으로 성장할 수 있을 것이며, 나아가서는 원만한 인간관계를 만들 수 있게 될 것이다. 여기에서는 물론 자기 마음 가운데에 상대방을 용서한다는 정신이 없어서는 안 된다.

화법의 모든 규칙은 사랑에서 나온다

나는 '화법'의 문제 가운데서 '사랑'이라는 문제를 깊이 생각해 보았다. 인간의 감정 가운데서 '사랑'과 '미움'은 언제나 문제를 일으킨다. 인간은 남을 사랑하기보다는 대부분 미워하려고 한다.

현대 사회의 여러 가지 불행한 상태는 서로 미워하는 데서 비롯

되고, 또 남을 미워함으로써 자기를 지킬 수 있다고 착각하는 지경에 이르렀다.

핵폭탄을 하나라도 보유하면 그만큼 이쪽은 안전을 보장받는다. 상대방을 공격할 지혜를 가지면 가질수록 자기는 안전하다. 이것이 요즘 사회의 일반상식처럼 되어 버렸다. 나라와 나라, 단체와 단체, 개인과 개인, 이러한 모든 것이 그러한 형태를 가졌다고 해도 과언이 아닐 것이다.

이러한 문제는 실로 중대한 문제가 아닐 수 없다. 대화에 있어서도 이러한 문제는 중요하다.

남에게 이야기할 때에는 '긍정적으로 말하라.'고 한다. 이것은 무슨 이유인가. 긍정적으로 말하면 웬만큼 비뚤어진 사람이 아니고는 상대방도 긍정적으로 받아들인다. 마음으로부터 상대방을 긍정한다는 것은, 말하자면 상대방을 위로하고 존중하는 사랑의 모습일 것이다.

이야기는 거울에 비치는 것과 같아서, 자신이 웃지 않으면 상대방도 웃지 않는다. 바꾸어 말하면 사람이나 사물을 미워한다는 것은 그 사람이나 사물에게서 자신이 미움을 받는다는 것과 마찬가지이다.

사랑한다는 일은 인간에게만 가능하다. 그렇지만 싫고 좋은 것을 가리는 일은 동물에게서도 가능하다. 개나 고양이가 우유를 좋아한다고 해서 우유를 사랑한다고는 말할 수 없다. 또 개나 고양이가 매운 고추를 절대로 먹지 않는다는 것은 그것을 싫어하는 것이지 결코 미워하는 것은 아니다. 짐승에게는 사랑이나 미움의 감정은 없다. 사랑이나 미움의 감정 표현은 사람만이 가능하다.

인간으로서도 변변치 못한 자는 사람을 미워하고 저주하며, 물건을 부숴 버린다. 미움의 감정은 변변치 못한 사람도 간단히 가질 수 있는 것이다. 그러나 사랑의 감정을 갖기란 쉽지 않은 일이다. 또한 사랑의 심리를 가지는 일이 자기를 지키는 최선의 길이라는 사실을 아는 사람도 드물다.

여기에서 우리는 이 문제를 깊이 생각해 보자. 사람을 사랑할 때와 미워할 때, 과연 어느 쪽이 마음의 평화가 깃들게 되는가를. '사랑의 고통'이라는 것도 있지만, 그것은 사랑하는 가운데 혹시라도 상대방을 미워하게 되면 어쩌나 하는 두려움에서 생기는 것은 아닐까?

예를 들어 애인들 사이의 사랑에 대한 고민을 살펴보자. 이는 만일 저 사람이 나를 배반한다면 나는 저 사람을 미워하지 않을 수 없다는 고민일 수도 있다. 또 그렇게 되어 좋아하는 사람을 미워하게 된다면 그것은 도저히 참을 수 없는 일이 아니겠는가 하는 기분일 것이다. 이런 것들이 어떤 의미에서는 '사랑하는 일의 고뇌'가 되는 것이다.

상대방이 미워서 말할 때와 상대방을 사랑하며 말할 때를 생각해보자. 아마도 미워서 말할 때에는 시궁창에서 썩는 냄새가 코를 찌르는 듯한 기분의 이야기가 될 것이고, 사랑하는 때에는 무언가 따뜻하고 상쾌한 기분이 그 말하는 마음 가운데서 나올 것이다.

다시 말하면 기분 좋게 이야기한다는 것은 사랑의 원리에서 나온다는 생각이 과히 지나친 말은 아닐 것이다.

결국 '사랑의 노력'이야말로 이야기를 할 때의 가장 중요한 마음가짐일 것이다. 필자가 굳이 '사랑의 노력'을 강조하는 것은, 인간은 그렇게 간단히 남을 사랑할 수는 없다고 하는 본성을 지니고 있기 때문이다.

어찌했든 적어도 '사랑하려는 노력'이 없이는 성공적인 이야기는 성립되지 않는다.

상대방을 미워한다는 것은 마치 성난 얼굴을 거울에 비추는 것과 같다. 상대방을 미워하는 마음을 갖고 있다면, 상대방도 역시 마음의 문을 열어 주지 않을 것이다. 상대방으로 하여금 마음의 문을 열게 하지 않고서, 어찌 성공적인 이야기를 할 수 있겠는가.

예를 들어 대화라는 행위를 병에 담긴 물을 컵에다 붓는 행위에다 비유한다면, 말하는 사람은 병이고 그 내용은 물이며, 듣는 사람은 컵이라 할 수 있다.

상대방에게 미움의 감정을 갖는 순간에 상대방은 컵의 뚜껑을 닫아 버려, 이야기하고자 하는 내용인 물은 컵 속으로 들어갈 수가 없게 된다. 결국 상대방을 사랑하려는 노력은 상대방을 위해서라기보다는 자기의 이야기를 상대방에게 듣게 하기 위한 기본적인 노력이다.

그러므로 남을 사랑할 수 없는 사람이나 또는 사랑하려는 노력을 할 수 없는 사람은 '화법'을 공부해도 아무 소용이 없다. 다시 말하면 '화법'을 철저히 공부하기 위한 노력을 하게 되면 남을 사랑하는 마음은 저절로 생겨난다는 것이다.

충고의 경우도 마찬가지이다. 충고의 기본 조건은 '사과하는 마음'이다. 어떠한 이유로라도 충고를 받는다는 것은 기분이 좋지 않은 일이다. 그러므로 상대방에게 그러한 좋지 않은 기분을 주는 데 대하여 '사과하는 마음'으로 충고를 한다면 상대방의 기분이 다소라도 위로가 될 수 있을 것이다.

그리고 충고는 절대로 '일 대 일'로 해야 한다는 조건을 들 수 있다. 당사자끼리가 아닌 제3자의 앞에서 충고를 한다면 상대방은 얼굴을 들 수 없게 된다. 따라서 충고를 할 때에는 상대방을 감싸 주는 마음가짐이 중요하다.

또 한 가지는, '상대방의 자존심을 지켜 주라.'는 조건이다. 상대방의 자존심을 상하게 하지 않기 위해서는 절대로 제3자와 비교하여 충고를 해서는 안 된다.

충고란 자존심을 상하게 하기 쉬운 성질의 것이다. 인간에게서 가장 약한 것은 마음이다. 자존심을 상하게 하는 것은 곧 마음을 다치게 하는 일이다. 그렇기 때문에 상대방의 자존심을 지켜 준다는 일은 매우 중요하다.

지금까지의 모든 점을 종합해 보면, 결국 '화법'의 모든 규칙은 상대방을 사랑하는 모습에서 나온다고 생각할 수 있다. 이것은 상대방을 설득하는 경우이건 그 밖의 경우이건 모두 마찬가지이다.

'화법의 길'이란 '상대방을 사랑하려고 노력하는 마음가짐'이다. 나는 이러한 생각에서 다소나마 충고 문제를 언급하였다. 그러나 여기에는 지키지 않으면 안 될 규칙과 조건이 있다. 언어의 사용법이나 언어의 선택법 등도 그러한 원칙에서 나오는 것이며, 그 기본을 잊고 혀끝으로만 테크닉 운운하는 것은 어리석은 짓이다. 아무리 혀끝을 잘 놀리는 사람이라 할지라도 그러한 인간은 사회생활에 아무런 쓸모가 없다. 오히려 "그 사람은 입으로만 양기가 올라서 주둥이만 발달된 것 같아. 주의하는 편이 좋겠어."라는 식의 말만 듣게 될 뿐이다.

이러한 관점에서, 우리는 '화법'의 문제를 생활의 기본적인 문제로 다루고 있다. '화법의 길'은 직접적인 상대방뿐만이 아니라, 이 세상의 모든 것을 사랑하려는 노력 가운데에 그 출발점이라고 할 수 있을 것이다.

타인은 사랑하는 것은 결국 자기 자신을 사랑하는 것이다

어린아이가 귀엽다는 것은 누구나 느끼는 일이다. 그렇지만 그 귀엽고 사랑스러움에 대한 표현은 천차만별이다. 귀여워서 안아 주고 어루만져 주기도 하고, 때에 따라서는 '사랑의 매질'을 하기도 한다.

이와 같이 '화법'에도 때에 따라 여러 가지로 그 표현이 다르다.

나는 강의를 할 때에 흔히 부정적으로 말을 하고는, 그 결과를 긍정적으로 취하는 경우가 많다. 또 어떤 사람은 긍정적으로 말을 하면서 상대방으로 하여금 부정적인 답변을 하도록 유도하는 재주를 부리기도 한다. 이렇듯 '화법'의 변화는 무쌍하다.

얼마 전에 나는 20여 년 만에 한 친구를 만났다. 그 친구는 여러 사람들에게 문제아로 알려져 있었는데, 나는 그와 만나지는 못했지만 그의 좋지 않은 행실에 대해서는 여러 차례 들어 온 바가 있었다. 오래간만에 만난 나에게 그는 이렇게 말했다.

"자네도 나에 관해서 여러 가지로 들었겠지. 그렇지만 나는 지금까지 남들의 약점을 말한 적은 없다네. 그런데도 A나 B는 제멋대로 나에게 모욕을 주었다네. 나는 하도 억울해서 자네에게만은 이 일을 이야기하지 않을 수가 없군. 이것은 누가 뭐라고 해도 정말 진실이네. 그리고……."

그는 말하는 도중에 눈물을 흘렸다. 그의 하소연하는 듯한 이야기 중에는 심한 독설도 있었지만, 무언가 듣기 싫다는 기분은 없었다. 그것은 'A나 B나 어떤 의미에서는 그들이 옳을는지도 몰라. 그러나 그들이 좀 지나치게 생각하는 것 같아.'라는 식의 표현이 들어 있었기 때문이다. 나는 그가 무엇인가 절실한 것을 말한다고 느꼈다.

그는 또 이렇게 말을 계속하는 것이었다.

"사람들이 아무리 나에게 모욕을 주더라도, 나는 한 번도 얼굴을 붉히거나 불쾌한 기색을 드러내 보인 적이 없어. 그저 내 속으로만 참고 지내 왔을 뿐이지. 언젠가는 그들도 나를 이해하게 되리라고 생각하고 말이네."

그는 이렇게 말하면서도 약간의 노여움이 있었지만 그들을 원망하거나 조금도 미워하지는 않았다.

그는 20여 년 전에 나와 함께 일을 한 적이 있다. 나는 그때 가끔 쓸데없는 이야기를 하고는 했다. 또 경우에 따라서는 그를 억압하는 듯한 행동을 하기도 했다. 그렇지만 그는 단 한 번도 내게 반발을 보인 적이 없었다. 그저 빙긋이 웃기만 하고 자기 할 일만 하는 사람이었다.

내가 알고 있는 그는 아무리 어려운 처지에 있거나, 아무리 미운 사람에 대해서도 언제나 웃는 얼굴을 하는 사람이라는 것이다. 때문에 나는 그의 옳지 못한 행실을 풍문으로 전해 들으면서도 반신반의할 수밖에 없었는데, 막상 그와 만나고 보니 모든 것이 분명해졌다.

나는 다시 한 번 그에게 감동을 받았다. 비록 여러 사람에게서 오해를 받고 있지만, 자기를 미워하는 사람들에게 관대하고 따뜻한 애정을 가지고 인생을 살아가는 그의 모습이 나를 감동시킨 것이다.

내가 그의 이야기를 한 이유는 다른 것이 아니다. 아무리 싫은 일이 있더라도 그것을 겉으로 내색하지 않는 모습, 이것이야말로 진실로 위대한 모습이 아니겠는가.

이렇게 볼 때, 어떠한 대상이나 어떠한 내용을 어떠한 상태에서 어떻게 표현한다 할지라도 거기에 사랑의 마음만 흐른다면, 우선 그 표현 자체가 다소 문제가 되더라도 이야기의 뒷맛은 좋아진다고 할 것이다.

바꾸어 말하면 만일 표현이 좋더라도 사랑이 없는 모습은 결코 산뜻하지는 못할 것이다. 이야기도 결국 그 속에 진실성이 없으면 결코 좋은 모양으로 받아들여지지 않는다. 그러므로 이야기에는 사랑의 표현이 대단히 중요하다.

그런데 사랑이라고 하면 어쩐지 로맨틱하고 감상적이거나 의지가 결여되어 있는 것 같은 생각이 들기 쉽다.

그러나 사랑이란 그렇게 간단한 것만은 아니다. 사람을 싫어하는 마음의 갈등 속에서는 진정으로 사람을 사랑할 만한, 승화된 아름다운 마음은 없다고 여겨진다. 진정한 의미의 사랑이란 이른바 로맨틱하거나 감상적인 상태에서는 존재하지 않는다.

사랑하려고 생각하는 데서 인간의 갈등은 비롯된다. 그러므로 사랑이라는 것을 결코 가볍게 다룰 수는 없다. 쉽게 '사랑해요.'라고 말하는 사람은 또한 간단히 '미워요.'라고 말할 수 있는 사람이다. 사랑의 마음은 그렇게 간단히 생기는 것이 아니라, 짓밟히고 두들겨 맞는 가운데에서 비로소 싹이 트게 된다.

사랑의 마음이야말로 인간의 가장 숭고한 마음이다. 이 숭고한 마음을 언제나 유지하려는 노력이 곧 '화법'에서의 가장 중요한 핵심이다.

말한다는 것은 인간에게 자기표현의 방법이다. 이는 또 인간만이 가질 수 있는 능력이다. 우리는 그 '말'이라는 것에 '사랑'이라는 것을 담아야만 한다.

한 가지 덧붙이고 싶은 말은 '미움'이라는 것이 얼마나 자기 자신을 괴롭히며, 얼마나 자기를 보기 흉하게 만드는가를 알아야 한다는 것이다. 사랑은 아무리 괴로워도 자신을 아름다운 모양으로 만들고 마음을 평안하게 만든다.

'화법'에서도 이러한 점이 기본이다. 남을 사랑한다는 것은 남을 위하는 일이 아니라, 결국은 자기 자신을 위하는 길임을 분명히 깨달아야 한다.

2
자유로운 대화 속에 행복이 깃든다

말하는 자유가 없다면 자유 또한 확대할 수 없다

내가 '언론의 자유'에 대한 문제를 제기하면, 어떤 사람은 '이제 새삼스럽게 그런 문제를 거론하는 것은 구태의연한 일이다.'라고 생각할지도 모른다. 그러나 자신의 의견만이 옳다고 생각하고, 자신의 의견만을 좇아야 한다고 생각하는 것도 바람직하지 못하지만, 무조건 남의 의견을 비판하고 야유를 보내는 행위도 옳지 못하다.

자유란 먼저 다른 사람의 자유를 인정하는 가운데 시작된다. 따라서 언론의 자유라는 것도 먼저 다른 사람의 말을 듣는 데서부터 시작된다. 그러므로 남의 말을 들으려고 하지 않는 것은, 자기 자신이 언론의 자유를 포기하는 행위와 같다.

우리는 여기에서 진정한 의미의 '자유'가 무엇인가에 대하여 다시 한 번 생각해보아야 할 것이다. 자신의 주장만을 고집하는 사람들은 자유의 의미를 다시 생각해야 할 사람들이다.

만일 자신이 좀 더 자유롭고 싶다면 자기 자신의 자유 여부부터 밝혀야 할 것이다. 요즈음 어떤 특정된 종교나 사상에 얽매여서 자신의 사상이나 행동을 부자유스럽게 하는 사람이 많은 것 같다. 그러나 여기서는 이러한 문제는 잠시 덮어 두고, 우리의 일상생활에서의 문제를 살펴보기로 하자.

그렇다면 좀 더 자유롭기 위해서는 과연 어떻게 해야 할까? 자유란 좀 더 큰 행동의 확대를 구하는 행위를 말하는 것이 아닐까? 그렇다면 언론의 자유라는 것은 자기의 '말의 힘'에 의하여 자신을 보다 확대시키고자 하는 행위라고 할 것이다.

예를 들면, A 씨가 나에게 무엇을 부탁할 때에 내가 "싫어요."라고 말한다면, 그 순간에 A 씨의 어떤 행동은 나 때문에 속박받는 것이 된다. 그렇지 않고 내가 "아, 좋지요."라고 말한다면, A 씨의 행동에는 그만큼 자유의 범위가 넓어지는 것이다.

이렇게 본다면, 설득능력이라는 것도 결국 인간을 자유롭게 하기 위한 노력에서 비롯되는 것이라고 할 수 있다. 그러므로 설득능력이 있느냐 없느냐 하는 문제는 바로 자기 자신의 자유를 그만큼 확대시키느냐 못 시키느냐의 문제와 직결된다고 할 수 있을 것이다.

의논하는 일도 마찬가지이다. 상대방이 자기를 납득해 준다는 것은 곧 상대방 속에 자기의 존재가 많이 알려져 있다는 이야기가 된다.

말하는 능력을 우리가 터득할수록 보다 큰 자유의 세계를 만날 수 있다.

우리 주위를 둘러보자. 말하는 능력이 없는 사람은 자유롭지 못한 사람이다. 우리가 말하는 자유를 잃는다면 얼마나 부자유스럽겠는가.

그런데 중요한 점은 '말하는 자유'를 자기 스스로 잃어버리는 경우가 많다는 데에 있다. 예를 들면 부부싸움을 하고 나서 이 기분으로는 더 이상 배우자와 이야기하는 것조차 싫어졌다면, 이 경우에는 배우자와 말하는 자유를 잃어버리는 결과가 되는 것이다.

이와 마찬가지로 우리들 자신이 말하는 능력이 없다면 스스로 자유를 확대할 수가 없다. 또 인간관계가 나쁘다는 것은 상대방으로부터 자기의 자유를 억압당하는 것과 같다. 인간의 행복은 어쩌면 속박받지 않는 생활 가운데에 있는 것일지도 모른다.

어떤 사람과 만나서 서로 이야기를 나누게 될 때에도 상대방보다 내가 먼저 인사를 하면, 그 순간에 상대방의 기분이 좋아지고 마음의 벽이 무너져서 나에게로 열릴 것이다. 이렇게 인사라는 간단한 것에서도 자기의 자유는 확대된다.

인간이 인간다운 생활을 영위하기 위하여 필요로 하는 기본적인 자유는 놀고, 먹고, 잠자는 자유가 아니라 말하는 자유이다. 먹고 자는 행위는 바보에게도 가능하기 때문이다. 생활적인 자유나 인간적인 자유에 대하여 깊이 생각해 보면, 말하는 자유가 인간의 자유 중에서 가장 근본적인 문제라는 것을 알 수 있을 것이다.

말하는 자유에는 두 가지의 면이 있다. 하나는 말한다는 행위 그 자체가 즐거운 일이라는 것이다. 모든 사람들과 자유로운 대화를 나눌 수 있다는 것은 얼마나 즐거운 일이겠는가.

또 하나는 거기에 말하는 능력이 더해질 경우 그만큼 자유는 더욱 확대될 수 있다는 것이다. 이것도 또한 큰 즐거움이리라.

나와 같은 '화법' 교실의 선생들에게도 가장 큰 기쁨이 있다면, 그것은 자기라는 인간이 학생들의 마음속에 확대되어 간다는 사실이다.

강의실에서 간단한 실습이나 강의를 할 때에 그러한 즐거움을 느끼는 것은 비단 '화법'을 지도하는 선생들에게만 해당되는 일은 아닐 것이다.

강의가 끝난 뒤에 학생들로부터 "선생님, 오늘은 정말 재미있었습니다."라는 한마디의 말을 듣는 것만으로도 말할 수 없는 즐거움을 느낀다.

이는 곧 자신이 그 사람들의 속으로 그만큼 확대되었다는 데에 대한 기쁨이다. 세상에서 이보다 더한 즐거움이 어디에 있겠는가. 자신이라는 존재를 많은 사람들의 마음속으로 넓혀가는 힘이야말로 정녕 위대한 힘이다.

자신을 확대시킨다는 것은 곧 자신이 지닌 자유를 확대시키는 것과 같다. 예를 들어 하나의 예를 든다면 "나는 정말 행복해요. 주인도 나를 잘 이해해 주시고, 아이들도 내가 하는 말을 잘 따라 주니까요."라는 말을 하는 부인의 경우에는, 그 부인은 완전한 자유를 누리고 있다고 할 수 있을 것이다. 이것도 역시 확대되어진 자유이다. 바꾸어 말하면 그 부인의 경우에는 그녀의 자유를 속박하거나 방해하는 사람이 없다는 것이다.

이렇게 본다면 자유를 얻기 위해서는 말하는 능력을 배양하지 않으면 안 된다는 당연한 결론에 이르게 된다. 그러므로 우리의 '화법' 교실에서는 보다 많은 자유를 확대시킬 수 있는 능력을 준다. 또 어떤 경우에는 자유를 지키기 위하여 목숨을 걸고 싸우지 않으면 안 되는 가능성까지 내포하는 수도 있다.

자기의 자유를 지키기 위하여 목숨을 건다는 것은 대단히 중요한 일이다. 그러므로 자기의 자유를 지키기 위해서는 절대적으로 말하는 자유를 확대해야만 한다. 우리는 자유의 나래를 펴기 위하여 말을 하는 것이다.

말하는 자유가 확대되면 즐겁지 않을 까닭이 없다. 내가 만나는 사람들 중에서도 "선생님, 화법의 공부를 하고 나서부터 인간관계가 잘되어서, 요즈음에는 대단히 즐거움을 느낍니다."라거나 "화법의 공부를 하고 나니까 그전보다 훨씬 즐거운 생활을 할 수 있게 되었습니다."라고 이야기하는 사람이 있다. 그것은 자기의 자유가 지금까지 억압당해 왔는데 이제는 점차로 확대되어 간다는 뜻이다.

여기에서 독자 여러분에게 하고 싶은 이야기는, 말하는 능력을 배양하여 빨리 여러 사람으로부터 환영받는 사람이 되라는 것이다. 많은 사람들로부터 환영받는 사람이라면 그는 정녕 행복한 사람이라고 단언해도 좋을 것이다.

말하는 능력은 행복을 추구하는 길이다

'화법'을 공부하고자 하는 사람은 근본적으로 '상대방이 나쁘다.'라는 선입관을 가져서는 안 된다.

'저 녀석은 바보니까 내가 하는 말이 무엇을 뜻하는지 모를 거야.'

'저 녀석은 근성이 비뚤어진 까닭에 도무지 말이 통하지를 않아.'

'저 녀석은 머리가 좀 이상해서 이렇게 말해도 좋을지 모르겠어.'

이러한 따위의 생각을 하기 전에 먼저 자신의 말하는 능력에 대한 반성이 있어야 한다는 것이다.

상대방을 무조건 나쁘다고 하기에 앞서서 상대방을 나쁜 상태로 만드는 자신의 잘못을 돌이켜 보아야 한다. 그 원인에 대한 분석을 해 보면 '상대방이 나쁘다.'고 하는 것이 얼마나 어리석은 일이라는 점을 알 수 있다.

다음으로는 상대방이 근본적으로 나쁠 경우에 대한 대비를 하지 않으면 안 된다. 예를 들어 상대방이 참으로 바보라면 어떻게 하겠는가.

바보는 죽기 전에는 고치기가 어렵다. 그렇다면 유일한 해결책은 바보라도 알아들을 수 있도록 말하는 능력을 스스로 기르는 길밖에는 없다. 한마디로 자신의 말하는 능력에 따라 상대방이 바보가 되기도 하고, 비뚤어지기도 한다는 점을 명심해야 한다.

미래를 향하는 사회는 당연히 인간존중의 사회일 것이다. 최근에 공해 문제가 시끄럽게 대두되는 것도 결국은 인간존중이라는 문제가 그 기초이념이다.

현재를 살아가는 우리들에게는 자칫 '인간은 아무렇게 되어도 좋아. 돈의 힘으로 무엇이든지 할 수 있으니까, 그저 돈만 벌면 되는 거야.' 하는 인간 경시와 물질만능으로 치닫기 쉽다. 이러한 사고는 노사관계의 큰 쟁점으로 등장하게 되었고, 그리하여 지금은 공해 문제와 더불어 어느 기업을 막론하고 인간존중의 문제가 높이 논의되고 있다. 바로 갑질 운운하는 것도 바로 인간존중의 문제라고 할 것이다.

이와 같은 현상이 일어나는 것은, 미래를 향하는 사회에서는 인간이 인간답게 살아갈 수 있도록 하는 데에 그 목표를 설정하고 있기 때문이다.

이와 같은 시점에도 가장 기본적인 문제는 역시 '화법'이라고 할 것이다. 말한다는 것은 자기의 의사를 다른 사람에게 표현하는 일이다. 말하는 능력이 크면 클수록 자기의 존재를 다른 사람에게 부각시켜 나갈 수 있다.

결국 인간존중의 사회란 개개의 인간이 모두 말하는 능력을 배양하여, 서로 존중받고 존중되는 사회를 이룩하려고 노력해 나가는 가운데 이룩되는 것이라고 할 것이다.

그럼에도 불구하고 최근에는 앞에서 말한 '언론의 자유'가 대단히 위험한 상태에 빠져 있는 것 같다. 그 이유는 치열한 생존경쟁 속에서 살아가다 보니 어느새 사람들에게 비겁주의나 이기주의의 사상이 만연해진 때문일 것이다.

따라서 자신에게 불이익이라고 생각되는 일에는 전혀 관심조차 보이지 않는 사람이 많아졌다. 심지어는 버스나 지하철에서 소매치기나 성폭행당하는 광경을 보고서도 자신과 직접적인 관계가 없다거나, 혹은 자기에게 피해가 있을까 두려워서 그저 못 본체하는 것이다.

인간은 사회적인 동물이다. 인간은 절대로 혼자서는 살 수 없다.

따라서 우리는 좋은 인간관계를 만들어야 한다.

좋은 인간관계라고 해서 무조건 상대방의 비위를 맞추고 기분을 상하지 않게 한다는 것은 아니다. 올바르게 서로의 인간관계를 만들어 나가야 한다. 그러기 위해서는 학문과 덕행을 닦아서 인간으로서의 발전을 이룩해야 한다.

그럼에도 불구하고 좋은 인간관계를 맺기가 점점 어려워지고 있는 실정이어서 실로 안타까운 마음이다.

이는 곧 사람들 스스로가 언론의 자유를 축소시키고 있다는 이야기가 된다. 언론의 자유가 비겁하거나 자기의 이익만을 위하거나 하는 행위 때문에 그 의미가 왜곡되고 있는 것이다.

자유라는 것은 무엇인가. 자유가 없다는 것은 인간이 인간다운 생활을 할 수 없다는 것과 같다.

이런 인간이 누리는 자유 가운데서 가장 기본적인 자유는 무엇보다도 언론의 자유일 것이다.

아무리 자유가 모두 확보되었다 하더라도, 자신이 생각하는 것을 말할 수 없다면 인간은 참으로 자유스럽다고 할 수 없다.

그것을 위해서 우리는 말한다는 것을 인간 자유의 기본문제로써 세상 사람들에게 널리 알리지 않으면 안 된다. 또 오직 이를 알기만 해서는 구체적인 자유 능력을 얻을 수는 없다.

그러므로 우리는 말하는 능력을 길러 거기에서 얻은 힘으로 보다 많은 자유를 누리는 인간다운 생활을 해야 한다.

　나는 최근 유럽의 여러 나라를 여행하고 돌아왔다. 그 여행에서
얻은 체험을 통하여 나는 '화법'의 문제에 또 하나의 새로운 사실을
발견했다. 즉 언어 그 자체는 화법이나 말하는 예의와는 전혀 별개
의 것이라는 사실을 확실히 알게 되었다.

　내가 우즈베크 공화국의 수도 타슈켄트에 들렀을 때였다.

　나는 호텔 측에 프랑스어 통역사가 필요하다는 부탁을 했다. 그
랬더니 호텔 측에서는, 일본말을 하는 사람이 있는데 그 사람이 어
떻겠느냐고 해서 그렇게 하라고 했다.

　잠시 뒤에 나를 찾아온 사람은 네리라는 이름의 22~23세쯤 되어
보이는, 귀엽게 생긴 동양 아가씨였다. 그런데 문제는 그녀가 분명
히 일본말을 쓰고 있었지만 나와는 의사소통이 제대로 되지 않았다
는 점이었다. 통역에 큰 혼란이나 지장은 없겠지만 내가 하는 말을
그녀가 쉽게 알아듣지 못했고, 나 역시 그녀가 하는 말을 알아듣기
가 힘들었다. 그리하여 처음에는 상당히 애를 먹었다. 우리가 처음

에 한 대화의 내용은 이렇다.

"선생님이 지금 하신 말씀은 좀 알아듣기가 어려운데요."

"그런가? 과히 그렇게 어렵지 않은 말인데."

"그럼 선생님은 제가 하는 말을 알아들으시겠어요?"

"글쎄. 그것도 그렇게 쉽지 않은걸."

그때 내 머리에 얼핏 떠오르는 것이 있었다. 나는 속으로 다음과 같은 생각을 하였다.

'이것은 분명 사고어와 표현어의 문제이다. 네리가 하는 말을 내 나름대로 생각하며 들어야 한다. 그렇게 하려면 억양이라거나 태도라거나 표정 따위를 살펴야겠다. 그럼 좀 이해하기가 쉬워지리라.'

나는 네리에게도 그렇게 하도록 설명해 주고, 또 그녀에게 일본 말을 한 마디 한 마디씩 끊어서 천천히 말하도록 시켰다. 예를 들어 '이 나무는 어느 계절에 꽃이 피는가?'라는 말을 하고 싶으면, "어느 계절에 이 나무는 꽃이 피나?" 하고 표현하도록 하였고, 또는 '선생님은 어느 식당에서 무슨 요리를 드시고 싶나요?'라고 하고 싶으면 "무슨 요리를 어느 식당에서 선생님은 드시고 싶나요?" 하고 말하도록 하였다. 그러다 보니 내 말이 이상하게 변해 버렸다.

그때 나는 우리가 회화를 할 때에는 상대방의 능력에 따라 생각하지 않으면 안 된다는 것을 절실히 느꼈다.

네리는 모스크바에서 5년간 일본어를 공부했다고 하는데, 그 일본말이 아무래도 좀 이상하였다. 그래서 그녀가 공부할 때 사용했던 노트를 보았더니 거기에는 회화체가 아니고 문어체인 한문조의 말이 적혀 있었다. 여기에서도 '읽기'를 위주로 한 언어교육과, '말하기와 듣기'를 주체로 한 언어교육과의 기본적인 차이가 있음을 알 수 있었다.

남에게 무엇을 알게 하려면 알 수 있도록 말해야 한다. 상대방이 남성이냐 여성이냐, 또는 젊은이냐 늙은이냐 하는 따위의, 상대방의 조건에 맞춰 말하지 않으면 쉽게 이해할 수가 없다. 그러므로 상냥한 말씨를 사용한다고 해서 곧 쉽게 이해되는 것은 아니다.

네리는 그다지 미인이라고는 할 수 없지만 대단히 귀염성이 있는 아가씨였다. 나는 네리에게 "애인이 있는가?" 하고 물었다.

그녀는 잠시 가만히 있다가 조용히 말했다.

"애인이라고 하기에는 좀 이르지만 남자 친구가 있어요."

"그 사람과 결혼을 생각하고 있는가?"

"글쎄요……."

그녀는 얼굴을 붉혔다.

"오늘 저녁에 그 남자 친구를 데리고 와요. 그럼 내가 타슈켄트의 가장 좋은 레스토랑에서 저녁을 사지."

"정말이세요, 선생님?"

"암, 정말이고말고."

이렇게 해서 나는 그녀의 남자 친구를 만날 수 있었다.

그 청년도 역시 동양인이었는데, 그는 일본말을 전혀 알지 못하고 오직 우즈베크말만 할 뿐이었다. 그런데도 우리는 대강의 의사소통을 할 수 있었다는 것이 신통한 일이었다.

이는 분명히 네리라는 아가씨가 중간에 있음으로 해서 가능한 일이었겠지만, 네리의 통역을 통하지 않고서도 분위기만으로 우리는 다소의 의사를 소통시킬 수 있었던 것이다.

여기에서 나는 다시 한 번 생각해 보았다.

과연 '말한다.'는 것은 무엇이며, 또 '회화'라는 것은 도대체 무엇인가.

'화법'의 문제는 언어 그 자체의 문제이기 전에 기본적으로 인간관계를 만드는 중대한 문제가 포함되어 있다.

이렇게 본다면, '화법'의 문제는 언어를 어떻게 구사하느냐, 억양이 어떠한가, 또는 문법적으로 어떻다 하는 따위의 문제가 중요한 것이 아니다.

언어는 '화법'의 모든 법칙 위에 존재한다. 언어를 모른다 할지라도 미소로써 인사를 할 수가 있다. 마음이 통하면 이미 회화가 이루어진 것과 마찬가지이다. 내가 앞에서 말한 경우와 마찬가지로, 우즈베크 말과 우리말과도 회화가 된다.

나는 여러분에게 부탁하지만 '말한다.'는 것을 다만 표면적인 겉모양으로만 생각하지 말고, 좀 더 철학적인 깊이를 가지고 인간생활의 내면으로 깊이 들어가야 한다는 점을 고려해 주기 바란다. 말하는 능력을 착실히 쌓아 올리는 작업에 의하여 사회생활은 광범위해지고, 그 관계가 점점 두터워진다는 것을 명심해야 할 것이다.

끝으로 이 책이 당신의 인생에 조금이라도 보탬이 될 수 있다면 저자로서는 가장 큰 기쁨일 것이다.

옮긴이의 말 인생을 성공으로 이끄는
대화법

예로부터 '말로써 말 많으니 말 말을까 하노라.'라는 말이 있다. 이것은 선인들이 말의 해독을 경계하여 이른 말이다. 말을 잘못하면 자기에게 해가 돌아옴은 물론이고, 남을 울리고 괴롭히는 일이 많음을 우리는 잘 알고 있다.

그처럼 말이란 무서운 것이다. 상대방의 심리상태나 그때의 상황 등을 고려하지 않고 말한다면, 이는 오히려 침묵보다도 못하게 된다. 그렇기 때문에 '침묵은 금이다'라는 속담도 있는 것이다.

오늘날은 자기표현의 시대이다. 아무리 그 사람이 많은 것을 알고 있고 훌륭한 생각을 가졌다 할지라도, 표현을 하지 않으면 아무 소용이 없는 시대가 된 것이다.

'언어'란 인간의 자기표현의 수단이다. 그런데 문제는 그 '언어'에 그 사람의 인품이나 성격이 그대로 나타난다는 데에 있다. 그럼에도 불구하고, 우리는 이 '말한다.'는 문제를 너무 쉽게 생각하고 있는 것 같다.

인간은 사회적인 동물이다. 그러므로 인간은 절대로 혼자서는 살 수가 없다. 특히 오늘날과 같은 치열한 생존경쟁의 시대에서는 더욱더 인간관계가 중요하다.

인간관계는 대화로부터 시작된다. 따라서 우리는 이 '대화'의 문제를 가볍게 생각해서는 안 될 것이다.

훌륭한 인간관계를 맺는다는 것은 우리의 인간생활에 있어서 매우 중요한 일이며, 자기발전도 훌륭한 인간관계에서 비롯된다는 것을 우리는 알아야 한다.

이 책에서는 이러한 관점에서 한낱 언어를 사교적 자기표현의 방편으로써가 아니라, 철학적이고 인간적인 차원에서 다루고 있다. 그러므로 언어에 대한 전문적인 연구가뿐만이 아니라, 학생들이나 일반 사회인들까지도 반드시 읽기를 권한다. 우리 사회가 점점 메말라 가고 있는 이때에 이 책이 우리에게 조금이라도 도움이 되어 주기를 바란다.

2015년
옮긴이